fui contratado!
e agora?

Preencha a **ficha de cadastro** no final deste livro
e receba gratuitamente informações
sobre os lançamentos e as promoções da Elsevier.

Consulte também nosso catálogo
completo, últimos lançamentos
e serviços exclusivos no site
www.elsevier.com.br

GUTEMBERG B. DE MACÊDO
PRESIDENTE DA GUTEMBERG CONSULTORES

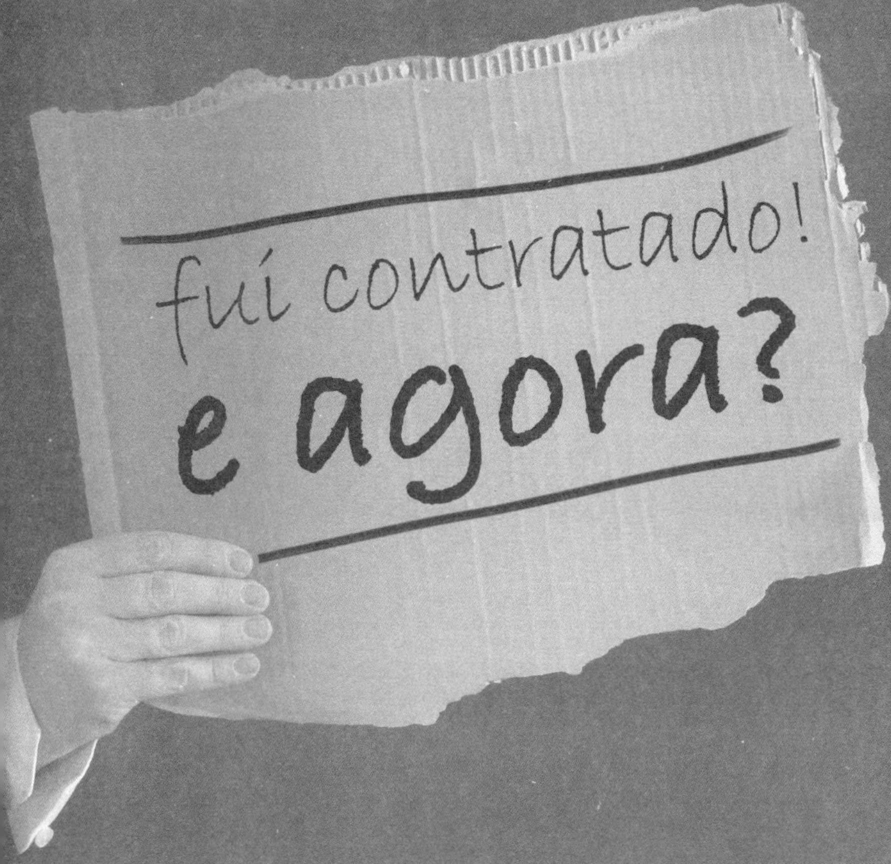

fui contratado! e agora?

POR QUE O PRIMEIRO DIA DETERMINA O SUCESSO (OU O FRACASSO) DE SUA CARREIRA

© 2011, Elsevier Editora Ltda.

Todos os direitos reservados e protegidos pela Lei nº 9.610, de 19/02/1998.

Nenhuma parte deste livro, sem autorização prévia por escrito da editora, poderá ser reproduzida ou transmitida sejam quais forem os meios empregados: eletrônicos, mecânicos, fotográficos, gravação ou quaisquer outros.

Copidesque: Ivone Teixeira
Revisão: Edna Cavalcanti e Roberta Borges
Editoração Eletrônica: Estúdio Castellani

Elsevier Editora Ltda.
Conhecimento sem Fronteiras
Rua Sete de Setembro, 111 – 16º andar
20050-006 – Centro – Rio de Janeiro – RJ – Brasil

Rua Quintana, 753 – 8º andar
04569-011 – Brooklin – São Paulo – SP – Brasil

Serviço de Atendimento ao Cliente
0800-0265340
sac@elsevier.com.br

Edição original: ISBN 978-85-352-2080-3

Nota: Muito zelo e técnica foram empregados na edição desta obra. No entanto, podem ocorrer erros de digitação, impressão ou dúvida conceitual. Em qualquer das hipóteses, solicitamos a comunicação ao nosso Serviço de Atendimento ao Cliente, para que possamos esclarecer ou encaminhar a questão.

Nem a editora nem o autor assumem qualquer responsabilidade por eventuais danos ou perdas a pessoas ou bens, originados do uso desta publicação.

CIP-Brasil. Catalogação-na-fonte
Sindicato Nacional dos Editores de Livros, RJ

M121f   Macêdo, Gutemberg B. de, 1945-
           Fui contratado! e agora? : por que o primeiro dia determina
           o sucesso (ou o fracasso) de sua carreira / Gutemberg B. de
           Macêdo. – Rio de Janeiro : Elsevier, 2011.

           ISBN 978-85-352-2080-3

           1. Profissões - Desenvolvimento. 2. Orientação profissional.
           3. Profissões – Mudança. I. Título.

11-2107.   CDD: 650.14
                                                               CDU: 331.548

Dedico esta obra à minha esposa, Christmas Carol, e aos meus três adoráveis filhos, Patrick, Patrícia e Phillip. Agradeço-lhes pelo apoio, compreensão e amor que têm me devotado ao longo dos anos.

Este livro é também dedicado às minhas queridas netas, Isabel, Isadora e Luiza. Espero que todas cresçam em conhecimento e sabedoria, que se tornem estudantes excepcionais, profissionais excelentes e cidadãs exemplares.

Vocês sempre serão muito especiais e fontes de renovada inspiração em todos os dias de minha vida.

Prefácio

Escrever um livro é um empreendimento extremamente gratificante, especialmente quando podemos contar com um grupo de profissionais com mentes verdadeiramente privilegiadas, experiências diversificadas e conhecimentos valiosos.

O livro *Fui contratado! E agora?* é fruto de longo período de atividade consultiva (33 anos), aconselhando presidentes, vice-presidentes, diretores e gerentes das maiores empresas do país em projetos de transição de carreira, *outplacement*, patrocínio pessoa jurídica.

Com este trabalho, ambiciono preparar, orientar e apoiar os profissionais que conquistaram novos postos de trabalho e assumiram novas responsabilidades em novas empresas, após período de transição de carreira.

Arthur Schopenhauer (1788-1860), um dos mais brilhantes filósofos alemães, em livro sobre o ofício do escritor escreveu:

> [...] há dois tipos de escritor: os que escrevem por amor ao assunto e os que escrevem por escrever. Aqueles tiveram ideias ou fizeram experiências que lhes parecem dignas de ser comunicadas; estes precisam de dinheiro, e por isso escrevem, por dinheiro.

Ao avaliar o meu trabalho e refletir sobre a atividade que empreendo todos os dias na Gutemberg Consultores, não tenho a menor dúvida sobre que tipo de escritor eu sou. Escrevo por amor à minha profissão. Escrevo para disseminar novos conhecimentos no seio das organizações. Escrevo para desafiar a minha mente. Escrevo porque esse é um dos meus ideais mais valiosos. Escrevo porque este é o legado que ambiciono deixar às futuras gerações.

Aprendi muito cedo na vida que tudo passa rapidamente, exceto as ideias que somos capazes de desenvolver, cultivar e propagar ao longo da nossa existência. Elas são eternas.

Lembro-me de que meus pais, Francisco B. de Macêdo e Santina Borja de Macêdo, ambos falecidos, quando ainda eu estava em tenra idade, me diziam: "Meu filho, estude, leia, se prepare, pois essas são as únicas coisas no mundo que os homens nunca poderão roubar de você."

Sigo os seus conselhos ainda hoje. Todos aqueles profissionais que me conhecem e são assessorados pela empresa que represento, a Gutemberg Consultores, sabem de meu compromisso e paixão pelos livros e pela aquisição de novos saberes. Não saberia viver um único dia da minha vida sem um livro nas mãos, sem lê-lo de maneira crítica, sem compará-lo a outros livros anteriormente lidos, sem recomendá-lo a todos aqueles que me cercam e sem escrever sobre assuntos que considero importantes para meus leitores. O mais importante de tudo: escrevo como falo e como se alguém sempre estivesse diante de mim. Em síntese, procuro escrever e falar de maneira objetiva, concreta e com a alma.

No momento em que ofereço aos meus leitores a minha experiência, conhecimento e sabedoria em forma de novo livro, quero agradecer aos membros de minha equipe que tanto me ajudaram a tornar esse projeto uma realidade: Luiz Carlos Carvalho, ex-presidente da Ciba Especialidades e atualmente vice-presidente da Gutemberg Consultores, membro do Instituto Gutemberg e responsável pela área de coaching executivo; Denize de Lara Kallás, diretora da Gutemberg Consultores, responsável pela Divisão de Outplacement, Planejamento de Aposentadoria e membro do Instituto Gutemberg; Marcos Dutra, membro do Instituto Gutemberg e responsável pela área de comunicação; Mauro Silveira, jornalista, membro do Instituto Gutemberg e responsável pela revisão do texto; Patrícia Músico, assistente administrativa incansável; Eliana da Silva Soares, secretária e responsável pela digitação e correção do texto; Bruno Regnani e Renata Ferre Leal, responsáveis pelas pesquisas; e ao meu dedicado editor, Marco Pace, pelo seu interesse e comprometimento.

Quero agradecer ainda aos milhares de executivos que passaram pela Gutemberg Consultores em transição de carreira – condução de projetos de recolocação e coaching executivo. Sim, vocês foram fontes extremamente valiosas de aprendizado e inspiração. Afinal, vocês me confidenciaram suas histórias pessoais e profissionais, suas vulnerabilidades e pontos fortes, suas qualificações e competências, suas apreensões e aspirações. Espero que aprendam ainda mais com a leitura deste livro. Que as lições fornecidas ajude-os a se tornarem profissionais mais respeitados, cultos e comprometidos com o sucesso de suas carreiras.

Apresentação

O livro *Fui contratado! E agora?*, de Gutemberg de Macêdo, foi escrito para ajudar aqueles profissionais que precisam de orientação para um momento bem particular da carreira: a sua adaptação a um novo emprego. Como hoje em dia esse tipo de mudança ocorre com uma frequência cada vez maior ao longo da carreira das pessoas, as dúvidas de comportamento e as situações complexas se apresentam diante delas de forma mais e mais intensa. Saber como lidar com essas situações é uma questão de vida ou morte no mundo corporativo.

Este livro é, na verdade, a continuação de seu primeiro livro, *Fui demitido: e agora?*, com o qual Gutemberg ganhou o respeitadíssimo Prêmio Jabuti de Cultura em 1993. Se, naquele livro, ele se dedicou a mostrar àqueles que perdiam seu emprego como enfrentar essa situação delicada e reconquistar uma posição no mercado de trabalho, nesta obra ele trata dos desafios da etapa seguinte: como agir no novo emprego, vencer os obstáculos e construir uma trajetória de sucesso.

É um livro de leitura fácil e, ao mesmo tempo, profunda. Conduz o leitor a uma profunda reflexão sobre seus valores e princípios. O leitor encontrará respostas para vários dilemas enfrentados por aqueles que começam a trabalhar em um novo emprego, como o de conquistar rapidamente a aceitação de seus novos parceiros de atividades, superiores, pares e subordinados. Com base em ampla pesquisa sobre o tema e em inúmeros exemplos colhidos em décadas de dedicação à recolocação de profissionais, ele oferece aqui uma ferramenta fundamental para quem busca a consolidação do sucesso numa nova função e diante de um novo empregador.

Gutemberg incluiu neste livro diversas recomendações que são de inestimável valia para qualquer profissional, independentemente do nível hierárquico que ocupa. Elas podem – e devem – ser utilizadas em favor do progresso no estabelecimento de relações, no aprendizado sobre a política corporativa e na análise e compreensão da dinâmica organizacional. O leitor perceberá que tais recomendações facilitarão processos como tomadas de decisão e a adoção de padrões de comunicação interna adequados à estrutura da empresa.

Ao longo de minha vida como presidente de uma empresa internacional de grande porte, sempre me defrontei com a ausência de publicações adequadas que pudessem servir de apoio aos novos membros de minhas equipes de gestores. Portanto, é com prazer que identifico neste livro diversas ferramentas de apoio que, certamente, serão muito apreciadas por todos que o lerem.

Gutemberg avança no desenvolvimento e na construção da imagem do profissional dentro de uma nova empresa e mostra como agir para causar uma boa impressão em seus superiores, pares e subordinados em prol da consolidação de parcerias para o futuro. Induz o indivíduo a assumir a nova posição como se fosse seu próprio negócio, dando a ele algumas dicas que fortalecerão a percepção positiva a seu respeito. Coloca, por outro lado, a necessidade de a pessoa conduzir autoanálises profundas no tocante a seus princípios pessoais, suas atitudes e comportamentos que possam afetar negativamente o desenvolvimento da nova carreira.

Esta obra salienta, ainda, os cuidados que o indivíduo precisa ter para se defender de armadilhas oriundas da inveja, a qual pode surgir, por exemplo, em decorrência de desempenho excepcional. Realça a importância da humildade, que é a maior de todas as virtudes, e defende a importância da rejeição à arrogância, o pior de todos os comportamentos. Além disso, trata do valor do alinhamento com os colaboradores mais competitivos da organização de forma a sedimentar a presença do profissional dentro dos times de ganhadores da companhia. As pessoas com experiência na vida corporativa podem confirmar: grande número de profissionais se perde ao longo de sua trajetória profissional por não ter sido adequadamente preparado para praticar a política corporativa. Há dados estatísticos que mencionam que cerca de 75% dos executivos descarrilam por não desenvolverem as habilidades necessárias para fluir ao longo da cadeia de sucessão. Esse fato se tornou muito evidente para mim em incontáveis ocasiões. Testemunhei diversos casos de profissionais competentes, com excelentes atributos profissionais e carismáticos, serem devorados pelas consequências do desconhecimento das práticas e dos princípios corporativos. Estou satisfeito em constatar que esta obra é um guia que evidencia passo a passo a importância da distinção entre o que é a prática da política corporativa e a politicagem. Com este livro como aliado, o leitor terá todas as condições de se proteger dos riscos da má distinção entre esses dois termos.

Tal como Gutemberg menciona no livro a respeito das próprias experiências com executivos, eu também tive o desgosto de vivenciar momentos de angústia ao ver profissionais seniores recém-admitidos na empresa perderem oportunidades através de processos dissimulados de *downgrading*. Ou que acabaram sendo demitidos por não terem se preparado adequadamente para a nova função. Ou, ainda, por terem adotado caminhos contrários aos esperados pela organização. Esses são preços demasiadamente altos a serem pagos pela falta de preparação para assumir um novo cargo ou ingressar em uma nova empresa.

Por fim, ressalto a conveniência dos aconselhamentos relacionados às relações com superiores, o conhecimento adequado do perfil do chefe e a importância do desenvolvimento da "química" entre superior hierárquico e subordinados. Ao atingir o grau de integração desejado, o indivíduo desfrutará do compartilhamento de ideias, da ausência dos riscos de discussões infrutíferas, da convivência pacífica e positiva para a empresa e das conquistas que abrirão portas importantes, como a do espaço para planejamento da carreira e da consolidação de sua presença dentro da equipe de talentos da organização.

À medida que o profissional exercitar sua capacidade de aprendizado e for se abrindo às recomendações contidas neste livro – por seu livre-arbítrio ou por força das circunstâncias de uma transição de carreira –, desfrutará dos meios para conduzir as mudanças de paradigmas e abrir caminhos para a entrada em novos mundos corporativos. E quando for impactado pela iluminação desses conselhos projetada sobre situações práticas, ele sentirá coragem e firmeza para assegurar o sucesso em uma nova atmosfera de trabalho e de realização pessoal.

Por isso, desejo ao leitor um bom aprendizado e plena absorção da experiência oferecida pelo autor de *Fui contratado! E agora?*, a qual contribuirá para avançar bem além da fronteira do conhecimento trivial do mundo corporativo.

Luiz Carlos Carvalho
Ex-presidente da Ciba Especialidades

Sumário

Introdução: Parabéns! Você está contratado. 3

1   Não tenha medo do desconhecido   11
2   É hora de se questionar   20
3   Faça a sua própria auditoria   30
4   Estude bem seus novos colegas de trabalho   38
5   Torne-se um ser político   47
6   Adapte-se o quanto antes ao novo ambiente   58
7   Seja um aliado do seu chefe   67
8   Faça das pessoas as suas aliadas   76
9   Seja um líder querido e admirado   85
10   Não conte com o acaso. Planeje sua carreira   93
11   Defina a sua agenda   102
12   Compreenda a natureza humana   107
13   Proteja-se contra os invejosos   113
14   Seja íntegro   122
15   Afaste-se dos profissionais egoístas   132
16   Seja humilde e evite os arrogantes   141
17   Esteja ao lado dos mais competitivos   149
18   Forme uma equipe capacitada   156
19   Comunique-se com todos   165

Notas   171

fui contratado!
e agora?

INTRODUÇÃO

PARABÉNS! VOCÊ ESTÁ CONTRATADO.

Os problemas da vitória são mais agradáveis do que aqueles da derrota, mas não são menos difíceis.[1]

WINSTON CHURCHILL

"FUI CONTRATADO! FUI CONTRATADO! FUI CONTRATADO!" Com os punhos cerrados como um jogador de futebol que acaba de marcar um gol decisivo, o executivo comemorava a sua contratação. Seus gritos de euforia ecoavam por todo o escritório da Gutemberg Consultores, empresa que presido e que é especializada em *outplacement*, termo em inglês empregado para o processo de recolocação de profissionais executivos no mercado. A adrenalina estava à flor da pele daquele homem. Os olhos arregalados brilhavam como dois faróis. Seu nome: Marco Vello, um profissional de personalidade marcante, com trajetória bem-sucedida no trabalho e que fora pego de surpresa pelo seu desligamento da última empresa em que havia trabalhado. Foram meses de luta e determinação em busca de um novo emprego, até que ele obteve sucesso ao receber o convite de uma importante empresa multinacional norte-americana de comunicação, a Sky. Era impossível não se emocionar com tamanha explosão de alegria do recém-contratado.

Como sempre acontece, reagi de forma entusiasmada e incentivei os demais profissionais em processo de *outplacement* que estavam em meu escritório: "Toquem os sinos, toquem as buzinas de gás, precisamos comemorar essa vitória", disse. Apesar de essa cena de celebração fazer parte da rotina do escritório, eu continuo me emocionando a cada nova recolocação. Quando isso acontece, eu me sinto dominado por uma energia que transpira motivação e entusiasmo – daí o tradicional som ensurdecedor de sinos e buzinas que faço ecoar por todo o andar. É como ouvir o som de anjos cantando, pois a conquista de um trabalho digno é algo que dignifica o homem.

Confesso a você, amigo leitor, que nessas horas vem à minha mente a imagem da ressurreição dos mortos, como descrita pelo apóstolo Paulo:

> Num momento, num abrir e fechar de olhos, ante a última trombeta; porque a trombeta soará, e os mortos ressuscitarão incorruptíveis, e nós seremos transformados. Porque convém que isto que é corruptível se revista de incorruptibilidade, e que isto que é mortal se revista de imortalidade. E, quando isto que é corruptível

se revestir da incorruptibilidade, e isto que é mortal se revestir de imortalidade, então cumprir-se-á a palavra que está escrita: tragada foi, ó morte, a tua vitória. Onde está, ó morte, o teu aguilhão? Onde está, ó inferno, a tua vitória?[2]

Sim, essa é a minha visão sobre a ruptura do contrato de trabalho e o retorno profissional ao mercado. A mudança significa mais que um simples recomeço. Ela inaugura uma nova fase de vida e carreira. Constitui um processo de transformação inigualável.

Passada a intensa euforia do momento, esse mesmo profissional veio à minha sala e disse: "Gutemberg, fui contratado! E agora? O que você recomenda que eu faça? Você pode me indicar um livro para leitura antes que eu comece no novo emprego? Você tem uma recomendação específica sobre que comportamento adotar no novo emprego?" As perguntas de Vello me chamaram a atenção. Eu escrevi na década de 1990 o livro *Fui demitido: e agora?*,[3] que ganhou o Prêmio Jabuti como o melhor livro de sua categoria, em 1993. Percebi que havia pouca informação no mercado sobre o passo seguinte após a contratação, que é saber como agir e se comportar no novo ambiente de trabalho de forma que sua trajetória dentro da empresa seja vitoriosa. Escrever um livro sobre o assunto, portanto, é uma continuação natural do meu primeiro livro. Comecei escrevendo uma série de artigos sobre o tema, que hoje são a base deste livro.

Esta obra tem como principal objetivo orientar todos aqueles que, a despeito do alto índice de adrenalina que corre em seu corpo com a notícia de sua contratação, se sentem inseguros por uma ou outra razão no novo emprego. Se o livro servir como uma espécie de guia para esse momento delicado da vida profissional, terei meus esforços recompensados.

As pessoas precisam compreender que a preparação acadêmica, a experiência acumulada ao longo dos anos e o sucesso obtido anteriormente no exercício de suas atividades gerenciais ou executivas não são suficientes para prepará-las para os primeiros dias em uma nova empresa ou posição. Ao longo do livro vamos explicar essas razões. As preocupações que preenchem a mente dos profissionais, nos dias ou semanas que antecedem o início na nova empresa, são verdadeiras e estressantes. Mas é bom deixar claro que esse é um tipo de estresse benéfico, pois nos coloca em estado de alerta e atento a tudo o que acontece ao redor. Quem recomeça a carreira em uma nova empresa fica cheio de dúvidas. Eis algumas delas:

- *Como serei recebido pelas pessoas no novo ambiente de trabalho?*
- *Em que difere a companhia e a posição oferecida em relação às demais que ocupei anteriormente?*
- *O sucesso passado é passaporte para o sucesso no presente ou em futuro próximo?*
- *A empresa saberá valorizar minha experiência anterior?*
- *Terei necessidade de provar mais uma vez que sou competente e darei conta do recado?*
- *Meu superior é alguém verdadeiramente qualificado ou um despreparado?*
- *Como devo me comportar diante dele?*
- *Como ele gosta que seus subordinados façam o seu trabalho?*
- *Qual o nível de meus futuros pares e que ameaças podem representar para minha carreira no futuro?*
- *Qual é, internamente, a verdadeira realidade da empresa?*
- *Que desafios, obstáculos e oportunidades eu encontrarei pela frente?*
- *Quais os valores éticos, a cultura e a postura de seus líderes diante do mundo dos negócios?*

Jean Erickson, consultor norte-americano, diz que

> o maior desafio que as pessoas em transição de carreira enfrentam é a expectativa de recomeçarem do ponto onde deixaram. O maior problema é a falha em antecipar a curva de aprendizado e não perceber que o sucesso depende mais da adaptação à cultura da nova empresa que da superação dos desafios da posição.[4]

O exemplo a seguir materializa sua observação. Recentemente, conversando com um executivo de importante empresa do setor farmacêutico sobre a rápida passagem pela empresa de seu ex-diretor de recursos humanos, ele me confidenciou:

> Trata-se de um profissional preparado, mas ele não se adaptou à nossa cultura, aos valores organizacionais e ao estilo gerencial.

Após ouvi-lo, lembrei-me das palavras de Confúcio (551-479 a.C.), sábio filósofo chinês:

> Um cavalheiro busca harmonia, mas não a conformidade. Um homem vulgar busca conformidade, mas não harmonia. Não tentes apressar as coisas. Ignora as pequenas vantagens. Se apressares as coisas, não atingirás teu objetivo. Se perseguires pequenas vantagens, empreendimentos maiores não virão a se concretizar.[5]

Assim, ao assumir novo posto de trabalho, recomendo que elimine de sua mente as seguintes premissas:

1. **"Os valores da nova companhia são idênticos aos de minha empresa anterior."** Não se iluda. Eles jamais serão idênticos, mesmo aparentando adotar a mesma linguagem, ter produtos semelhantes e atuar no mesmo mercado de sua última empregadora. Você precisa aprender a ler o que está escrito nas entrelinhas. Toda organização tem a sua própria peculiaridade na gestão de negócios. Portanto, não procure pelas semelhanças, mas pelas diferenças. Elas podem ser gritantes.
2. **"O melhor a fazer é não mudar o meu estilo gerencial na comunicação, a forma como me relaciono com as pessoas e o jeito como abordo os problemas. Afinal, foi assim que obtive sucesso."** Não se engane. Cada empresa tem seu próprio estilo. Portanto, ou você se adapta a ele ou estará fora do jogo cedo ou tarde. Essa capacidade de flexibilizar seu estilo é fundamental para seu sucesso no novo emprego.

3. **"O meu futuro chefe e eu pensamos da mesma maneira."** Não é verdade. Quando duas pessoas pensam da mesma maneira, uma é plenamente dispensável, adverte a sabedoria gerencial. A beleza de uma carreira está em sua distinção e não em sua conformidade. Um executivo que ambiciona o sucesso profissional não pode se permitir ser igual aos demais. Ele precisa ser individualista – no bom sentido da palavra –, saber pensar e agir independentemente. Precisa ser um empreendedor original, criativo, engenhoso e autoconfiante. Como dizia J. Paul Getty: "Quando os seres humanos capitulam de sua individualidade e identidade por sua própria vontade estão renunciando também à sua reivindicação de seres humanos."[6]
4. **"Minha experiência anterior e as qualificações profissionais que tenho serão valorizadas e respeitadas. Creio que elas não serão postas em cheque."** Outro erro gritante. As empresas não têm respeito pela sua experiência passada. Suas experiências trouxeram você até aqui. Daqui em diante, será outra história, que ainda está para ser escrita. Você precisa de novas experiências, competências, aprendizados e desafios. As únicas instituições que compram o passado são os museus. Mude sua maneira de pensar e agir! Atualmente, o mantra das organizações é o seguinte: *O que você pode fazer pela empresa agora e amanhã?*
5. **"Eu sei o que precisa ser feito e, portanto, não preciso ouvir os mais velhos de casa."** Nunca se considere superior aos demais. Ao contrário, considere suas observações e advertências, pois elas serão úteis no seu processo de adaptação e de aprendizado da cultura interna. Procure se mostrar ávido em ouvir e conhecer seus pontos de vista. Você precisa ouvir atentamente a história dos mais velhos e aprender com suas experiências. Aqui, vale o conselho de Confúcio: **"Competente, mas disposto a ouvir os incompetentes; talentoso, mas disposto a ouvir os destituídos de talento; possuidor, mas parecendo despossuído; cheio, mas parecendo vazio; engolindo insultos sem se ofender."**[7]
6. **"Eu não devo me proteger de profissionais que sofrem da 'síndrome de Mother Mary', ou seja, de pessoas que só sabem reclamar**

e não conseguem crescer na carreira. Elas não obtiveram sucesso até ali e por isso mesmo são inofensivas." Não ignore esse pessoal. Profissionais que sofrem desse mal tentarão atraí-lo para seu mundo de completo fracasso e isolamento por meio de ardis como uma recepção aparentemente calorosa, o oferecimento de ajuda em tudo o que for preciso, a prontidão em lhe fornecer informações detalhadas sobre as pessoas na organização etc. O objetivo dessa estratégia é fazer com que você se torne um deles e deixe de ser uma ameaça ao *status quo*. Fuja dessas armadilhas e não entre nesse jogo de dissimulações.

Como lição, vale citar o diálogo entre Zai Yu e Confúcio. O primeiro perguntou: "Se disséssemos a um homem bom que a bondade se encontra no fundo do poço, deveria ele pular para juntar-se a ela?" Confúcio, então, respondeu: "Por que deveria? Um cavalheiro pode ser mal informado, não pode deixar-se seduzir: ele pode ser enganado, não pode deixar-se desencaminhar."[8]

Espero que este livro o ajude sempre que tiver um novo desafio em sua carreira, como uma mudança de emprego ou uma promoção. Enfrentar o desconhecido é uma situação que normalmente nos traz insegurança e nervosismo. Mas é também muito gratificante. Sempre que estiver numa dessas situações, recorra a essas páginas, que foram escritas com todo o carinho.

Boa leitura!

1

NÃO TENHA MEDO DO DESCONHECIDO

É preciso ter o cuidado de extrair de cada experiência apenas a sabedoria que nela há – e parar por aí; senão seremos como o gato que senta sobre a chapa do fogão. Ele nunca mais se sentará sobre uma chapa quente – o que é bom, mas também nunca mais se sentará sobre uma chapa fria.[1]

PUDD'NHEAD WILSON'S NEW CALENDAR

FUI CONTRATADO! E AGORA?

A SABEDORIA POPULAR IRLANDESA É RICA EM PROVÉRBIOS. Dentre eles, um dos mais conhecidos e habitualmente proferidos é dirigido a homens e mulheres em forma de bênção ou favor divino por ocasião de novo empreendimento, qualquer que seja sua natureza: "Que a estrada se eleve para encontrá-lo e que o vento sempre sopre por trás."[2]

Uma análise, mesmo que simplória, sobre essa bênção tradicional, revelará dois desejos por parte daqueles que a proferem. Primeiro, o desejo ardente e genuíno de realização pessoal ou sucesso daquele que parte em busca de novos territórios ou conquistas – inclinação do espírito humano para alguma coisa cuja posse ou realização lhe causa prazer ou sucesso. Segundo, o desejo de que encontre ao longo do caminho condições climáticas adequadas e ventos favoráveis, qualquer que seja seu objetivo: viagem, negócio próprio, carreira profissional, campanha militar, conquista espacial etc. Assim, deseja-se ao viajante que chegue em segurança e com sucesso ao seu destino; ao profissional, que conquiste o topo da carreira profissional sem grandes surpresas e *set backs*; ao piloto que dirige carros de corrida, que conquiste o pódio sem acidentes ou sobressaltos de qualquer natureza; a todos, sem exceção, que realizem os próprios sonhos sem perdas materiais, psicoemocionais ou mesmo espirituais.

Ao refletir sobre essa bênção tradicional irlandesa, lembrei de um poema extraído da sabedoria judaica e por mim repetido inúmeras vezes ao longo de minha carreira de estudante de teologia e consultor:

O Senhor é o meu pastor: nada me faltará. Deitar-me faz em verdes pastos, guia-me mansamente a águas tranquilas. Refrigera a minha alma; guia-me pelas veredas da justiça, por amor de seu nome. Ainda que eu andasse pelo vale da sombra da morte, não temeria mal algum, porque tu estás comigo; a tua vara e o teu cajado me consolam. Preparas uma mesa perante mim na presença dos meus inimigos, unges a minha cabeça com óleo, o meu cálice transborda. Certamente que a bondade e a misericórdia me seguirão todos os dias da minha vida: e habitarei na casa do Senhor por longos dias.[3]

De certa maneira, essa mensagem serve para expressar a quietude de espírito de qualquer profissional, apesar da existência de um mercado extremamente competitivo e, muitas vezes, injusto.

Creio que essa seria uma das maneiras mais adequadas para se pensar sobre o ingresso de um profissional numa nova empresa após curto ou longo período de transição. Eis aqui alguns motivos para isso e os trechos do salmo em que eles se enquadram:

1. É nas organizações que existem recursos materiais, psicológicos e espirituais, abundância de informações e solidariedade por parte de subordinados, pares e superiores – "**nada me faltará**".
2. É no ambiente interno que todos remam na mesma direção, e os ventos que sopram são sempre ventos de cauda (que empurram a embarcação) – "**guia-me mansamente a águas tranquilas**".
3. No clima organizacional interno, enriquecedor e receptivo, o estresse mortífero, veneno das organizações modernas, se mostra relativamente moderado – "**refrigera a minha alma**".
4. Os gestores, movidos pelo espírito de meritocracia, grandeza humana, justiça e determinação de servir sempre com excelência, combinam o senso comum com a sabedoria popular, com a sofisticação intelectual e com o apreço por detalhes estéticos e se constituem em verdadeiros exemplos – "**guia-me pelas veredas da justiça**".
5. Nesse clima, predominam a coragem e o desprendimento pessoal, à semelhança do tradicional espírito japonês, em que o desejo de suportar o insuportável (*gamanzuyoi*) inclui, segundo Boyé Lafayette, "**as noções de muita tolerância, muita perseverança, muita paciência e dedicação ao completar as tarefas**"[4] – "**ainda que eu andasse pelo vale da sombra da morte, não temeria mal algum**".[5]
6. O ambiente onde os gestores não vivam em estado permanente de guerra entre si, mas estejam sempre preparados para lutar contra a concorrência a fim de neutralizar suas estratégias, superar a qualidade de seus produtos, a presteza de seus colaboradores, a criatividade de suas ações e o desenvolvimento de seus empregados, entre

outras questões não menos importantes – "**preparas uma mesa perante mim na presença de meus inimigos (externos), unges a minha cabeça com óleo**".

7. A imagem de uma organização, interna ou externa, é reflexo direto de todos os que a constituem – do porteiro ao presidente. Daí as premissas de São Bento (480-547 a.c.), fundador da Ordem dos Beneditinos: a) as empresas são tão boas quanto as pessoas que trabalham nelas; b) grandes empresas começam com seleção rigorosa e formação nunca acabada – processo que nunca termina – ou, na linguagem do samurai: "**Meu espírito nunca está satisfeito**; c) **empresas superiores não são fáceis de construir; o sentimento de lealdade é uma qualidade rara em uma organização**" (principalmente hoje, período pós-onda de reengenharia e de demissões em massa); d) nenhum tratamento preferencial é permitido – justiça; e) o treinamento é técnica; o desenvolvimento e a formação são estratégias; e, por último, o maior motivador para a seleção e a formação é a promessa de fraternidade e estabilidade.[6]

A adaptação do profissional recém-contratado ao seu novo ambiente de trabalho ocorre em quatro fases ao longo de 12 a 36 meses. Infelizmente, muitas empresas, na ânsia de obter resultados excepcionais imediatos, não gostam e não costumam esperar muito tempo para que o novo contratado apresente resultados que justifiquem a sua contratação. Essa atmosfera empresarial, que esmaga, tritura e expele executivos sem qualquer piedade, é cientificamente comprovada com dados estatísticos. Portanto, são irrefutáveis.

Um artigo publicado na *Harvard Business Review*, "A Market-Driven Approach to Retaining Talent"[7] (2000), mostra que 80% de um grupo de 150 executivos seniores mudaram de emprego num período de dois anos. Outro estudo mostra que 47% dos executivos escolhidos como presidentes de empresas públicas nos Estados Unidos deixaram o emprego após um período de quatro anos.[8]

Já o Conselho de Liderança Corporativa (Corporate Leadership Council) reportou que 50% dos novos executivos contratados pelas empresas, em média, foram sumariamente demitidos ou pediram demissão (P. Sweeney. "Teaching New Hires to Feel at Home". *New York Times*, 14 de fevereiro de 1999).

Essa realidade nas empresas, a cada dia se aprofunda ainda mais. Caso meus leitores desejem ter uma visão global sobre a instabilidade nos empregos e a dança das cadeiras, sugiro que consultem o trabalho "Employment stability in na age of flexibility-evidencie from industrialized countries", de Peter Auer e Sandrine Cazes.

E quais são os motivos comumente alegados? De acordo com o Centro de Liderança Criativa (Center for Creative Leadership) do estado da Carolina do Norte, Estados Unidos, "40% de todas as contratações de executivos mostram ter sido equivocadas nos primeiros 18 meses, desfeitas devido a desempenho insuficiente, abaixo das expectativas ou demissões voluntárias". O consultor norte-americano Mike Johnson diz ter descoberto e identificado na Europa e nos Estados Unidos a razão para isso: "O descontentamento maior entre os executivos era com as consultorias – *headhunters* – que, ávidas por lucros rápidos gerados pela carência de profissionais capacitados no mercado, lhes teriam vendido o tipo errado de profissional."[9]

No Brasil, as coisas não diferem muito. Conheço um profissional que foi induzido por conhecida empresa de consultoria, tida no mercado como uma espécie de varejão das consultorias, a aceitar a oferta de trabalho de uma empresa de grande porte nacional para logo a seguir ser demitido – ele permaneceu apenas duas semanas no novo emprego. O que choca nessa história é o fato de que a consultoria apresentou o candidato à empresa sem conhecê-lo pessoalmente. Tudo foi feito via internet e por telefone. O resultado não poderia ser diferente, apesar das qualificações do profissional.

Recentemente conversei com um profissional que vivenciou um processo inusitado. Ele foi entrevistado pela empresa inúmeras vezes, inclusive pelo seu futuro superior imediato, e submetido a um rigoroso teste psicológico. Sua vida pessoal e profissional foi toda vasculhada. Apesar disso, ele acabou sendo demitido 48 horas depois de iniciar suas atividades profissionais na nova empresa. A contratante alegou que seu perfil não era compatível com a empresa. Quem, verdadeiramente, errou nesse caso? A empresa ou o executivo? Na minha visão, os dois.

A aceitação do novo profissional começa na contratação e está concluída apenas quando o profissional se torna um colaborador valioso e permanente, e não mais um *outsider*. Portanto, podemos dizer que uma adaptação bem-sucedida a uma nova empresa é aquela na qual o profissional recrutado e a organização são transformados para melhor e são capazes de realizar, mutuamente, um trabalho de qualidade e atingir seus objetivos.

Dessa forma, tanto o profissional como a organização têm responsabilidades comuns nesse processo. Ambos devem caminhar lado a lado.

A fim de que o sucesso dessa adaptação se concretize, são necessárias várias providências:

1. É imprescindível que ambos, a organização e o profissional recém-chegado, focalizem a absorção de conhecimento da empresa como um todo e sua influência. Movimentar-se com muita rapidez – "preciso impressionar" – ou com lentidão – "necessito movimentar-me com mais cuidado para não me perder em campo minado" – poderá comprometer a adaptação e o sucesso tão sonhado.

2. Agir com o devido conhecimento da organização – sua história, seus heróis e bandidos, sua filosofia e cultura, suas políticas e procedimentos, seus valores e objetivos. As ações que não seguem essas premissas e desrespeitam as regras da construção diária e perseverante de novas alianças e relacionamentos poderão comprometer a agenda atual e futura de qualquer profissional bem-intencionado.

Um exemplo que ilustra essa realidade pode ser extraído da administração de Bill Clinton, ex-presidente dos Estados Unidos, por ocasião de sua iniciativa de implementar mudanças substanciais na política de *health care*. Apesar da seriedade do projeto, de seu embasamento conceitual e das pesquisas feitas, sua proposta não foi aceita. Motivo: seus proponentes falharam ao não antecipar a reação da população às mudanças propostas.

O mesmo podemos dizer do referendo popular sobre a proibição ou não de compra de armas pelos brasileiros, realizado no Brasil em 23 de outubro de 2005. O governo federal não previu que a população, abandonada e entregue nas mãos do crime organizado, jamais renunciaria à liberdade de poder adquirir uma arma conforme sua conveniência.

Quero lembrar que a viagem inicialmente mencionada não poderá contar sempre com ventos de cauda, sempre favoráveis, como na bênção tradicional irlandesa. Os ventos podem ser também de proa, o que poderá reduzir bastante a sua velocidade. Portanto, o recomendado é ficar ligado o tempo todo. Qualquer vacilo, imprudência ou desatenção poderá custar caro à carreira.

O melhor navegador é aquele que fica atento a esse paradoxo. O mesmo se poderia dizer do profissional recém-contratado. Sua principal tarefa é manter os olhos fixos em ambos os extremos e encontrar o ponto de equilíbrio. Essa tarefa exige pensar em profundidade, planejar, articular, negociar, agir com bom-senso, com julgamento refinado e – por que não? – com sangue-frio. A assimilação das polaridades e a capacidade de encontrar o devido equilíbrio são demonstradas no esquema a seguir, desenvolvido pela consultora norte-americana Diana Downey, especialista em mudança organizacional:

Seja paciente	⇨ Torne-se produtivo
Determine sua velocidade	⇨ Siga a velocidade da empresa
Confie na própria intuição	⇨ Ao tomar decisões, não despreze sua lógica
Busque a satisfação de seus *stakeholders*	⇨ Ao definir suas prioridades, certifique-se de que pode cumpri-las
Implemente mudanças	⇨ Respeitando a história e a cultura da organização
Demonstre competência	⇨ Procurando conselho quando necessário
Construa amizades baseadas em confiança	⇨ Testando suposições acerca dos outros

Intervenha apropriadamente	⇨ Esperando até ter todas as informações
Baseie-se em experiências passadas	⇨ Procurando não depender de experiências passadas
Aja com autoridade	⇨ Permanecendo em atitude de aprendizado
Lidere sem a obsessão do ego	⇨ Demonstrando confiança
Torne clara sua posição	⇨ Buscando feedbacks e inputs
Relacione-se bem com as pessoas	⇨ Estabelecendo barreiras profissionais[10]

Essas diretrizes e reflexões supõem princípios e valores que transcendem o sucesso a qualquer preço, como constatamos com profunda decepção em relação ao mundo (ou submundo?) da política brasileira, onde mentiras deslavadas e improbidade no uso de recursos públicos são consideradas meros erros de percurso, jamais atos de corrupção. Mais tarde elas se tornarão piadas de salão. Tal inversão de valores pode facilmente invadir a vida de executivos que não pautam sua conduta por princípios éticos. Em meio a tantas cobranças por resultados e a uma competitividade de mercado cada vez mais acirrada, o apelo ao vale-tudo soa como única resposta possível. O ambiente é hostil.

Num ambiente hostil e avesso a qualquer manifestação transcendental, a simples evocação do Salmo 23 fere os ouvidos de quem desconhece o poder da espiritualidade ou a considera um despropósito, incompatível e inaplicável à conduta de homens e mulheres modernos, seguros e autoconfiantes. Diante da degradação ética e de valores que atinge a todos sem exceção, a força das utopias espirituais equivale ao bem-estar de um bálsamo que alivia a dor e mantém acesa a esperança de dias melhores. Que cada um de nós faça a sua parte.

2
É HORA DE SE QUESTIONAR

As maiores decisões da vida humana, em geral, têm muito mais a ver com instintos e outros misteriosos fatores inconscientes do que com a vontade consciente e com a racionalidade bem-intencionada. Os sapatos que servem para um machucam os pés de outro; não há uma receita universal para se viver. Cada um de nós tem dentro de si a sua própria forma de vida – uma forma irracional que não é suplantada por qualquer outra.[1]

CARL GUSTAV JUNG (1875-1961)

É HORA DE SE QUESTIONAR

ESSA SÁBIA OBSERVAÇÃO DO RENOMADO PSIQUIATRA suíço Carl Gustav Jung se aplica não apenas à vida de homens ou mulheres, sejam eles profissionais ou não, mas também à das organizações – privadas, públicas ou sem fins lucrativos. Cada empresa tem a sua própria história, "personalidade", cultura, forma de ser, de agir e de se comunicar com seus respectivos públicos interno e externo. Portanto, vida própria, distinta, única, racional – e até mesmo irracional –, que a diferencia de qualquer outra, apesar das similaridades existentes.

Vamos considerar as chamadas melhores empresas para trabalhar – nacionais e multinacionais – e logo perceberemos que se descortina o fosso existente entra elas e as demais. Não importa o segmento em que atuam, o seu porte, a imagem ou a influência que exercem sobre a sociedade. Todas, sem exceção, são distintas e têm as suas próprias peculiaridades, que não podem ser copiadas ou imitadas.

Uma pessoa ou organização que não é fiel à lei de seu ser interior, de seus princípios e valores éticos, de seus propósitos mais legítimos, de sua filosofia e estilo, que não se eleva à altura de sua personalidade, com todas as virtudes e defeitos, fatalmente fracassará. E isso acontece simplesmente porque não compreende o sentido de sua existência, quer humana quer empresarial – a sua verdadeira e única razão de ser. Confúcio tinha razão ao dizer: "Quem não compreende o destino é incapaz de se comportar como um cavalheiro. Quem não compreende os ritos é incapaz de ocupar seu lugar. Quem não compreende as palavras é incapaz de compreender os homens."[2]

Quero referendar minha argumentação com mais uma observação do famoso psiquiatra:

> Experiências profundas não podem ser feitas. Elas acontecem – felizmente a sua independência da atividade do homem não é absoluta, mas relativa. Podemos chegar mais perto delas – isso está dentro do alcance humano. Há sempre meios que nos aproximam da experiência viva; no entanto, devemos tomar cuidado quando chamamos esses meios de "métodos". A própria palavra [método] tem um efeito

mortal. Além disso, o caminho para a experiência é tudo, menos um truque esperto: é antes uma aventura que requer o nosso engajamento com todo o nosso ser.[3]

A admissão e a exploração no novo ambiente de trabalho não poderão ocorrer da mesma maneira e com as mesmas ferramentas do emprego anterior. Os recém-contratados devem determinar quais elementos de sua experiência passada são relevantes para a nova realidade. Afinal, pesquisadores têm descoberto que o aprendizado é amplamente situacional e que as regras e realidades vivenciadas por profissionais em determinadas circunstâncias podem ser totalmente inócuas em outras. Daí a necessidade da abertura mental a novas experiências e aprendizados na empresa que acaba de contratá-los.

A sabedoria talmúdica pode nos ajudar e favorecer nesse momento de exploração do novo ambiente de trabalho ao chamar nossa atenção para quatro tipos de alunos. Modernamente falando, são quatro tipos de aprendizes corporativos:

1. **O esponja.** Ele absorve tudo o que é bom e ruim, sem discernimento. É o famoso "maria vai com as outras". Ele não sabe pensar com independência nem criticar com sabedoria e isenção, e muito menos distinguir o culto do medíocre, o placebo do verdadeiro medicamento.
2. **O funil.** Ele aprende tudo rapidamente, mas não retém absolutamente nada do que aprendeu. Esse tipo pode ser comparado àquele profissional que está presente em todos os seminários gerenciais e cursos, ouve os palestrantes com atenção e discute nos corredores dos hotéis cinco estrelas os ensinamentos transmitidos. Todavia, passado o calor das discussões, não se lembra absolutamente de nada que ouviu. Ao voltar para sua empresa, não agrega nenhum conhecimento ou experiência nova à sua atividade executiva ou gerencial.
3. **O filtro.** Ele apenas retém o que é menos importante de tudo o que leu, ouviu ou aprendeu. Ele surfa na superficialidade das

informações e do conhecimento. Em geral, é adepto da leitura de *best-sellers* (mesmo que sejam bestialidades disfarçadas de genialidade) e das discussões das últimas manchetes de jornais. Muitas vezes, indagado sobre o editorial do jornal ou da revista que leu, não tem a menor ideia do que isso seja ou signifique. Lê somente o que está na crista da onda. É o modista da mediocridade – para quem pensar custa caro.
4. **O peneira.** Esse é valioso e sábio. Como o cafeicultor que separa os bons grãos de café dos maus peneirando-os, incansável e meticulosamente, assim também ele sabe separar o conhecimento relevante do fútil e a experiência valiosa e necessária da obsoleta e inútil.[4]

À luz dessas observações, quero sugerir ao leitor, especialmente ao executivo que está reiniciando a vida profissional numa nova empresa, uma profunda avaliação dos principais fatores que a caracterizam e diferenciam. Identifique claramente qual é a estratégia da organização. Isso é de inestimável valor para seu sucesso. Se não for capaz de descobri-lo por si mesmo, converse com seus pares e superiores, pois sem esse norte você desperdiçará esforços, energia, recursos preciosos e se perderá por completo no exercício de suas atividades.

Para que você faça esse *assessment* com competência e foco, responda a si mesmo às seguintes perguntas:

- Qual é a missão da empresa em que trabalho? Ela existe ou precisa ser desenvolvida?
- O que essa empresa deseja ser no mercado? Os dirigentes que têm poder de decisão são capazes de visualizar onde ela está e para onde quer ir?
- Existe uma missão empresarial que é distinta da de seus maiores concorrentes?
- Como seus competidores têm procurado se diferenciar no mercado?
- Em que áreas de negócio a empresa pode suplantar seus concorrentes?
- Como posso contribuir para aumentar a participação da empresa no mercado?

Estude também a estrutura da nova empresa. Se não o fizer, serão grandes as chances de cometer graves erros e ser tentado a se portar como na empresa anterior. Essa postura será fatal. Não se iluda. A seguir, indicamos algumas perguntas que deverão ser feitas nesse estágio de ambientação e adaptação:

- Qual é a atual estrutura organizacional? O seu organograma reflete a realidade?
- Quais são os pontos fortes e os pontos fracos da empresa? Como posso agregar valor extirpando suas vulnerabilidades – lembre-se de que esse foi o fator-chave da sua contratação.
- Quem, verdadeiramente, detém o poder na organização? Eu sou capaz de identificá-lo? Não raro, o poder reside nas mãos de alguém que está distante do organograma local. Identifique-o o mais rápido possível. Essa descoberta poderá salvá-lo de inúmeros sobressaltos. Portanto, proteja-se contra o poder exercido na sombra.
- Que problemas existem decorrentes dessa estrutura organizacional? A comunicação flui com rapidez entre os vários departamentos ou divisões? A delegação de poderes é efetiva ou não passa de mero discurso fantasioso? Existe verdadeiro espírito de grupo ou exacerbado individualismo?
- É possível contar com o apoio de outras áreas funcionais? Com quem e em quais circunstâncias?

Em seguida, avalie criteriosamente a recompensa dada pela organização a todos os seus colaboradores. As perguntas a seguir irão ajudá-lo a aferir com propriedade a situação atual da nova empresa:

- Que modificações, aprimoramentos ou ajustes necessitam ser feitos nos sistemas de avaliação, remuneração, recompensa, promoção ou mesmo afastamento de funcionários?
- A empresa oferece apoio adequado a todos os seus colaboradores em relação a modernos recursos tecnológicos e de segurança? Caso contrário, o que precisa ser feito?

- Qual o perfil do profissional valorizado na organização – burocrático, espírito empreendedor, questionador, *yes man*, autoritário, diplomático? Você é capaz de defini-lo? Se não, tome cuidado. Você pode ficar mofando na empresa, apesar de seus protestos.
- Que valor a empresa atribui a seus recursos humanos quanto a investimentos em aprendizado, novos desafios e oportunidades? Não perca tempo em uma empresa que não tem comprometimento com seu desenvolvimento e crescimento pessoal, profissional e moral. Você se arrependerá amargamente em pouco tempo. Ao longo de minha carreira já ouvi o desabafo, triste e desesperado, de incontáveis profissionais que se esqueceram dessa verdade e que desejavam, tardiamente, repará-la. O tempo perdido é irrecuperável. Cada minuto desperdiçado equivale à perda de uma parcela da própria vida.

Avalie sem medo os processos usados pela nova empresa. É possível que muitos deles estejam ultrapassados. Certa vez eu aconselhei um executivo que desprezou esse detalhe, comportamento que lhe custou muito caro: perdeu o emprego, o salário anual de 340 mil reais, os bônus trimestrais e os benefícios, entre outros privilégios. Portanto, ao assumir nova posição, questione:

- Quais são os principais processos utilizados pela empresa? Eles são compatíveis com as atuais ou futuras necessidades da organização? Eles devem ser modificados, aprimorados ou substituídos?
- Que processos são mais compatíveis com a empresa? É possível desenvolvê-los internamente ou precisam ser adquiridos no mercado? Quais são os melhores fornecedores? Detalhe: evite a aquisição de novas tecnologias de amigos, a menos que sejam reconhecidos no mercado pela sua seriedade, credibilidade, qualidade. Nunca misture amizade com negócio. Eles geralmente não são compatíveis.
- Quais sistemas ou processos precisam ser integrados? De quais recursos necessitam e em que tempo a empresa os terá funcionando sem prejuízo?
- Você tem autoridade para agir ou será um mero coadjuvante? É fundamental para o profissional conhecer todas as pessoas com

as quais terá de se relacionar direta ou indiretamente. Portanto, procure saber tudo sobre elas – subordinados, pares, superiores, fornecedores, credores, clientes etc. Só assim você saberá de quem dependerá e quando precisará de um ou outro colega de trabalho. O melhor mesmo é refletir e agir baseado na premissa do general chinês Sun Tzu:

> Se você conhece a si mesmo não precisa temer o resultado de cem batalhas. Se você se conhece mas não conhece o inimigo, para cada vitória ganha sofrerá também uma derrota. Se você não conhece o inimigo nem a si mesmo, perderá todas as batalhas.[5]

Esse conhecimento é indispensável, como dizia Carl Jung:

> É muitas vezes trágico ver como alguém pode explicitamente estragar a própria vida e a dos outros e, no entanto, continuar totalmente incapaz de ver o quanto toda essa tragédia se origina dele mesmo e como ele continuamente a alimenta e a faz continuar.[6]

Eis algumas perguntas que devem ser formuladas por ocasião de seu ingresso numa nova organização:

- Quais são as principais atribuições das pessoas, de cada área e da companhia? Elas estão atualizadas e refletem a realidade atual? (Atualmente, as descrições de cargo deveriam sofrer atualização a cada 18 meses. Em casos específicos, 12 meses ou até menos.)
- Quais são as competências mais importantes exigidas para o exercício da função para a qual você foi contratado?
- Que tipo de formação acadêmica, técnica, estratégica e operacional é necessária para o completo desempenho dos indivíduos nessa função?
- Como as pessoas estão desempenhando suas atividades e quais os problemas mais visíveis detectados?
- Que tipo de treinamento, prioritariamente, elas necessitam? Quais recursos internos a empresa dispõe atualmente para executá-lo?
- Que nível de comprometimento os funcionários têm demonstrado?

- A área e a companhia têm enfrentado problemas de natureza ética ou moral? É possível detalhá-los?
- Quais são os melhores funcionários da sua área? Em quais aspectos eles diferem dos demais?
- Com que regularidade as avaliações de desempenho são feitas? Elas merecem crédito ou são alvo de deboche entre os funcionários? (Não raro, tenho ouvido que as avaliações de desempenho em muitas organizações são feitas para desmoralizar as pessoas das quais os superiores imediatos não gostam e das quais querem se livrar.)

A esse respeito vale lembrar as palavras de Jack Welch, ex-CEO da General Electric:

> A verdade é que proteger pessoas que não se esforçam prejudica essas mesmas pessoas. Durante anos elas são carregadas, com todo o resto olhando para outro lado. Nas avaliações elas recebem informações de que estão se saindo bem. Então, acontece uma retração econômica e esses funcionários de desempenho insatisfatório são sempre os primeiros a serem demitidos, e são sempre os que ficam mais surpresos porque ninguém nunca disse a verdade a eles. E o pior é que isso sempre acontece quando esses funcionários de desempenho ruim estão na casa dos quarenta e tantos, cinquenta anos. Então, subitamente, numa idade em que começar de novo pode ser difícil, eles perdem o emprego.[7]

A complexidade do mundo dos negócios e da própria carreira executiva exige de seus *players* movimentações inteligentes, conscientes e prudentes, qualquer que seja a direção. A não atenção às questões aqui sugeridas, entre tantas outras, poderá acarretar perdas irreparáveis – de recursos, energia, trabalho e sonhos acalentados durante anos. Reconheço que não existem fórmulas mágicas cientificamente desenhadas e executadas para o sucesso profissional. Cada caso é um caso, distinto, único e intransferível. Ainda assim, há alguns caminhos que devem necessariamente ser seguidos, como os que destaquei neste capítulo. Eles são a base necessária para a construção de uma carreira de sucesso numa nova empresa. A partir dela é que se constrói o futuro. Procure, de preferência, empreender algo compatível com sua capacidade, formação, conhecimento e experiência, a correr atrás do que escapa às suas qualificações. Como ensina a sabedoria universal e milenar, ninguém é perfeito. Entretanto, a despeito de nossos pecados e vulnerabilidades, podemos tentar melhorar nosso desempenho em tudo e ao longo de nossa existência. O desafio de perseguir esse objetivo, por si só, já terá recompensado todos os esforços e energia despendidos, todas as atribulações e dificuldades enfrentadas, todos os enganos e erros cometidos, todas as decepções e fracassos amargamente colhidos.

3
FAÇA A SUA PRÓPRIA AUDITORIA

Ninguém pode fazer história se não quiser arriscar tudo, levar a experiência da sua própria vida até o amargo fim e declarar que a sua vida não é uma continuação do passado, mas, sim, um novo começo. A mera continuação pode ser deixada aos animais, mas a inauguração é a prerrogativa do homem, a coisa da qual ele pode se vangloriar por ser o que o coloca acima das bestas.[1]

CARL GUSTAV JUNG (1875-1961)

A RICA HISTÓRIA DE VIDA DE BENJAMIN FRANKLIN (1706-1790),[2] renomado cientista, político, diplomata e jornalista norte-americano, registra um episódio curioso. Como proprietário de um jornal, ele se viu certa ocasião forçado a dedicar parcela significativa de seu escasso tempo à procura de um editor-chefe. Durante semanas a fio, conversou longamente com diferentes candidatos que, em princípio, reuniam as qualificações exigidas para o referido ofício. Após longas e exaustivas entrevistas, ele selecionou três finalistas. E, então, em dias alternados, convidou-os um a um para um almoço. Nessa rodada final e decisiva de entrevistas, ele teve oportunidade de observar, de forma peculiar e sábia, o comportamento de cada candidato. Nada, nada mesmo, escapava ao alcance de seu olhar observador. Cada palavra pronunciada pelos candidatos era medida com precisão milimétrica. Cada gesto, avaliado em seus mínimos detalhes – a maneira como manuseavam os talheres, as taças, o guardanapo; a forma como se dirigiam ao garçom; o tom de voz com que se expressavam, entre várias outras considerações.

Nesses almoços formais e investigativos, Benjamin Franklin costumava oferecer a seus ilustres candidatos um suculento *T-bone steak*. Seu gesto tinha um propósito bem definido – avaliar a atitude e as reações dos candidatos sob diferentes ângulos. Esse era mais um recurso de que se valia para conhecer, medir, qualificar ou desqualificar os finalistas. Na iminência de concluir o processo, todos os sinais indicavam sua preferência por um dos candidatos, com base em sua aparência, imagem perante a sociedade local, habilidade de relacionamento, integridade pessoal e jornalística, abrangência cultural, entre outras virtudes e qualificações. Mas um detalhe no decorrer do almoço pôs tudo a perder.

O que poderia ser, após tantas horas de conversa sobre diferentes assuntos, como política local e nacional, economia, cultura, negócios e relações internacionais? Aparentemente, nada de extraordinário. Entretanto, para uma mente observadora e perspicaz, o candidato mais cotado cometeu um deslize que lhe custou um cargo de reconhecido prestígio. Quando o prato de *T-bone steak* foi servido, o convidado pegou o saleiro e cobriu-o de sal, antes mesmo de experimentá-lo. Ao final do almoço, Benjamin Franklin disse-lhe, em tom de feedback: quando vim para o restaurante estava decidido a lhe oferecer a posição. Entretanto, durante o almoço, percebi que você não é o candidato mais adequado para a posição de chefe de redação de um jornal. Surpreso diante do comentário, o candidato quis saber o motivo de sua eliminação, uma vez que atendia a todas as exigências. Benjamin Franklin, sem rodeios e com muita franqueza, disse:

> O senhor é um homem de hábitos arraigados e demonstrou comportamento incompatível com o exercício da posição de chefe de redação. Pois, antes mesmo de provar da carne servida, cobriu-a de sal. Um chefe de redação não pode publicar uma notícia antes de consultar diferentes fontes, pelo menos três, a fim de se certificar de sua veracidade.

Qual a relação dessa história com a contratação de um profissional e seus primeiros dias em uma nova empresa? É simples: ele necessitará de informações relevantes, oriundas do mais variado número possível de fontes. Desprezar qualquer informação, mesmo aquela que não passe de aparente fofoca, sem uma prudente análise e exploração, significa adicionar sal à carne antes de experimentá-la. Em outras palavras, agir com rapidez, sem a clareza necessária e com limitado grau de informações, pode significar superficialidade e risco de divergência em relação à cultura local e ao que os demais membros da empresa estejam pensando. A sabedoria norte-americana, em tom de advertência, ensina com propriedade: "Fique atento a estranhos que lhe trazem presentes, mas não os rejeite."

François de Callières (1645-1717), diplomata e secretário de gabinete de Luís XIV, ao tratar sobre o papel de um diplomata – leia-se: profissional moderno – na coleta de informações sobre o novo país onde iria desenvolver suas atividades, recomendava:

> O negociador astuto não deve acreditar em tudo o que ouve nem aceitar conselhos que não possa comprovar; tem de examinar a origem das informações, bem como o interesse e os motivos daqueles

que lhes oferecem. Deve procurar descobrir os meios pelos quais estes mesmos obtiveram tais informações e compará-las com outros dados, a fim de verificar se conferem com as partes que ele sabe serem verdadeiras. Há muitos indícios por meio dos quais uma mente perspicaz e penetrante será capaz de ler a verdade, pondo cada elo de informação em contato com outro.[3]

Nenhum profissional, por mais bem preparado que esteja para o exercício de suas atividades numa nova empresa deveria subestimar a importância de tais observações – elas são vitais e críticas para seu sucesso. Afinal, ele precisa compreender a nova posição, os novos colegas e o estilo operacional da nova organização simultaneamente e sem perda de tempo.

É fato que muitos profissionais são exímios na arte de coletar os mais diferentes tipos de informações – interna e externamente; entretanto, em determinadas circunstâncias, eles são péssimos na construção de novas redes de relacionamentos internos, na avaliação de suas premissas e no gerenciamento de suas reações emocionais. E, nesse ponto, o recém-contratado profissional é também um observador e sujeito da observação de todos os membros da nova organização – subordinados, pares e superiores. Esta, certamente, não é uma posição muito confortável, como testemunham os consultores Tom March e Adena Berkman:

> Essa posição é difícil de desempenhar e frequentemente requer um comportamento anti-instintivo – ele frequentemente terá que agir de maneiras que divergem de sua inclinação natural, o que requer uma percepção aguda das predisposições e um entendimento de como estas podem ser percebidas. Tudo o que ele faz é observado e avaliado. A equipe do novo líder é tão desconhecida para ele como ele o é para a equipe. Eles decidirão se seu nível de competência é satisfatório, e qual tipo de líder ele é. Eles irão avaliá-lo para determinar se querem ou não ser liderados por ele, e se ele é uma pessoa que querem apoiar. O novo líder deve escolher suas ações baseado no impacto que ele gostaria de ter, ao invés do nível de conforto que sente.[4]

Todo profissional recém-contratado deve fazer uma espécie de auditoria profunda sobre a cultura e a dinâmica organizacional da nova empresa. Não são raras as histórias de profissionais altamente qualificados e que foram demitidos pouco tempo depois de serem admitidos. O que pode provocar esse tipo de decisão por parte de uma organização que, afinal, necessita de um profissional com esse nível? Em boa parte dos casos, a resposta está na postura inadequada da pessoa, como aconteceu com um executivo talentoso que frequentemente comparecia às reuniões da diretoria mascando chiclete como se fosse um adolescente. Aparentemente, esse ato pode parecer não ter nenhuma relevância. Mas o fato é que seu comportamento não era compatível com o ambiente formal e até sisudo, a cultura e a dinâmica da empresa e, principalmente, com o estilo de seus dirigentes. Os profissionais que, consciente ou inconscientemente, subestimam a força e o poder da dinâmica organizacional são em geral e impiedosamente devorados por essas mesmas forças. Portanto, manter-se atento a tudo o que ocorre no novo ambiente de trabalho é de fundamental importância.

A seguir, eu sugiro a você um roteiro de perguntas que o ajudará nessa análise da cultura e da dinâmica organizacional da empresa. Obviamente, outros questionamentos podem e devem ser incluídos nessa lista, pois este é um tema bastante complexo e amplo. Portanto, adicione outras perguntas caso considere necessário. Vamos a elas:

1. **Para a identificação e análise de como as decisões são tomadas na organização**
    - Elas são tomadas unilateralmente, sem consulta às demais pessoas envolvidas?
    - Os recursos disponíveis para tomada de decisão são compartilhados com todos os membros da organização?
    - As decisões, uma vez tomadas, são claramente anunciadas, recebidas e implementadas sem objeção?
    - Quem é o verdadeiro responsável pela tomada de decisão?

2. **Para a identificação dos padrões de comunicação interna**
   - Qual é o estilo predominante de comunicação – agressivo, amigável, displicente, crítico, destrutivo, questionador?
   - As áreas se comunicam entre si e as informações fluem com rapidez?
   - Seus pares e superiores preferem ouvir silenciosa e atentamente ou falar como papagaio?
   - Os funcionários são ouvidos ou desprezados quando apresentam novas ideias?
   - Com que frequência as pessoas se falam internamente?
   - Hoje, qual é o canal de comunicação mais usado – e-mails, conference calls, reuniões formais, bate-papos informais, memorandos?
   - Esses canais são eficientes, objetivos, ágeis e claros?

3. **Para determinar o nível de confiança e o risco predominante**
   - Os indivíduos se sentem à vontade para apresentar ideias?
   - Qual o nível de confiança existente entre os diferentes indivíduos?
   - Até que ponto a empresa e seus gestores valorizam e incentivam o espírito empreendedor?
   - Existe uma agenda oculta na empresa – "a caixa-preta"?
   - As pessoas estão atentas aos sentimentos alheios e à individualidade de cada membro da organização?
   - Os líderes incentivam a crítica e o questionamento responsável?
   - Que tipo de clima organizacional predomina na empresa – confiança, desconfiança, indiferença?
   - Você, particularmente, confia em seu superior, subordinados e pares?

4. **Para compreender como as pessoas administram e solucionam os conflitos internos**
   - A empresa e seus gestores incentivam a diversidade de opiniões?
   - As desavenças são jogadas para baixo do tapete ou são resolvidas rapidamente?

- Os indivíduos em conflito expressam sua hostilidade abertamente ou agem na clandestinidade como serpentes venenosas?
- Você é capaz de identificar os manipuladores e os artifícios que utilizam para tentar exercer domínio sobre outras pessoas?
- Quando existem divergências que não podem ser solucionadas rapidamente, elas tendem a bloquear as equipes no exercício de suas atividades?

5. **Para identificar o padrão de participação das pessoas**
   - Existe uma diferença substancial de poder entre as pessoas?
   - Há bom nível de participação dos indivíduos?
   - Os funcionários se sentem motivados a participar das discussões formais ou informais empreendidas pela empresa?
   - A disputa pelo poder é visível ou silenciosa? Quais forças a alimentam? Como se posicionar para não ser atingido por elas?
   - Quem geralmente inicia uma discussão na organização? Como você e o seu grupo reagem nessas horas?
   - Quando a pressão aumenta, qual estratégia as pessoas usam – confronto, fuga ou negociação?

Uma vez feita a auditoria sobre a cultura e a dinâmica organizacional de sua nova empresa, fique atento aos sinais que indicam falta de coesão dos membros da equipe: atitudes dispersivas, intolerância a opiniões alheias, falta de interesse em discutir as ideias de terceiros, falta de vontade para discorrer aberta e claramente sobre seu ponto de vista e, finalmente, interrupções extemporâneas feitas nas horas erradas.

Carl Jung disse certa vez:

> Cada resposta inequívoca e por assim dizer clara sempre permanece na cabeça, mas só muito raramente penetra no coração. A coisa necessária não é conhecer a verdade, mas experimentá-la. O maior problema é o de não ter um conceito intelectual das coisas, mas descobrir nosso caminho para a experiência irracional mais íntima e talvez desprovida de palavras. Não há nada mais estéril do que se falar de como as coisas devem ou deveriam ser, e não há nada mais importante do que se descobrir o caminho para esses distantes objetivos.[5]

4

ESTUDE BEM SEUS NOVOS COLEGAS DE TRABALHO

O rebanho evita a ovelha negra, sem saber se ela pertence ou não ao grupo. Por isso ela fica para trás, ou se afasta do rebanho, quando é encurralada por lobos e rapidamente devorada. Fique com o rebanho – há segurança na multidão. Reserve as suas diferenças para os seus pensamentos, não para a sua pele.[1]

JOOST ELFFERS, PRODUTOR GRÁFICO NORTE-AMERICANO

AGORA, QUE CONQUISTOU E ASSUMIU SUA POSIÇÃO EM UMA nova empresa, você irá inevitavelmente se deparar com diferentes tipos de pessoas – cultas e medíocres, bem-formadas e malformadas, educadas e grosseiras, individualistas e colaboradoras, íntegras e desonestas, indolentes e esforçadas, profundas e evasivas, interesseiras e altruístas, audaciosas e hesitantes, tagarelas e mudas, invasivas e retraídas, arrogantes e humildes, otimistas e pessimistas, bem e mal-humoradas etc. Acredite: elas existem e nem sempre é fácil identificar suas reais intenções. Quando você trava contato com novos colegas de trabalho, seu sucesso profissional depende em grande parte de sua aguçada atenção e perspicácia para visualizar e distinguir como cada uma delas pensa, age ou reage no dia a dia de trabalho.

Como diz François de Callières:

> Após tomar as medidas necessárias para seu intento, você não deve afobar-se em dar algum passo importante – pelo contrário, deve estudar o terreno. Para tanto, tem de manter-se como um observador atento e discreto dos hábitos da corte e do governo, e, caso se encontre em um país em que o príncipe seja o governante de fato, deve estudar com maior assiduidade toda a vida e hábitos deste último; afinal, a política não é uma mera questão de elevados desígnios impessoais, mas constitui uma ampla complexidade em que inclinações, julgamentos, virtudes e vícios do próprio príncipe desempenham um papel relevante.[2]

Para sua proteção e segurança, não espere que todas as pessoas na organização reajam da mesma maneira diante de suas boas intenções, projetos, ideias, sugestões, planos e estratégias. Se você ignorar ou desprezar essa regra básica do jogo interno ao ingressar em nova empresa, poderá correr sério risco de ser boicotado ou mesmo se tornar vítima de armadilhas e ardis.

Sabemos que ninguém é inteiramente consistente e coerente em tudo o que faz. Na linguagem teológica, Paulo de Tarso adverte:

> Não há um justo, nem um sequer. Não há ninguém que entenda. Todos se extraviaram e juntamente se fizeram inúteis. Não há quem

faça o bem, não há nenhum só. A sua garganta é um sepulcro aberto – com as suas línguas tratam enganosamente; peçonhas de áspides estão debaixo de seus lábios."³

Se não fosse essa a realidade humana, não haveria necessidade de as empresas criarem e divulgarem slogans corporativos como, por exemplo, *walk as you talk*, e gastarem bilhões de dólares em programas de treinamento sobre ética, governança corporativa, comunicação e transparência no relacionamento interpessoal. A despeito dessa constatação, padrões de comportamento emergem dessas inconsistências e incoerências, por mais complexas que sejam as pessoas. O poder é um jogo eminentemente psicológico e social. Portanto, para aprender a dominá-lo, você deve desenvolver a capacidade de estudar, ler e compreender as pessoas e seu comportamento.

Essa capacidade de estudar as pessoas à sua volta, aprendida e altamente desenvolvida por profissionais vitoriosos, poderá livrá-lo de inúmeras armadilhas construídas por concorrentes ou inimigos. Uma pessoa desonesta poderá detê-lo em suas ambições, desgastá-lo em sua reputação, isolá-lo em sua sala de trabalho, bloqueá-lo em todas as suas ações e, além disso, minar todo o seu caminho com granadas de alto poder destrutivo. Aprenda a ver "os dedos de mão de homem que escrevem defronte do castiçal, na estucada parede do palácio real...", na linguagem do sábio judeu Daniel, e não terá a necessidade de recorrer a pseudogurus, consultores, videntes, adivinhadores, astrólogos e numerologistas para que decifrem seus sonhos ou o jogo político de seus concorrentes, como fez o rei Belsazar da Babilônia.

Jo-Ellen Demitrius, PhD e consultora jurídica norte-americana, ilustra a importância desse aprendizado com a experiência vivida por um de seus clientes. Segundo ela, ele tinha sido contratado pelo Big Horn Institute, instituição dedicada à preservação de uma espécie de carneiro de chifres longos que vive nas montanhas a sudoeste de Palm Springs, Califórnia, Estados Unidos, a fim de estudá-los. Eles estavam ameaçados de extinção pelo rápido desenvolvimento da região.

Quando seu cliente visitou o instituto pela primeira vez, o diretor, conduzindo-o para o lado de fora do prédio, apontou para as colinas de rocha maciça que se elevavam atrás dos escritórios e disse candidamente: "Há muitos carneiros na montanha hoje."[4] O visitante olhou atentamente para as colinas marrons, tentando ocultar sua surpresa – não pela beleza dos carneiros, mas por sua incapacidade de avistá-los. O anfitrião, habituado a esse tipo de reação comumente esboçada por todos os visitantes do instituto, discretamente chamou a atenção de seu mais novo colaborador para um carneiro que estava abaixo de um rochedo triangular. Depois, apontou para outro no topo de uma colina à esquerda. Ao todo, ele mostrou 12 carneiros. Moral da história, segundo a própria Jo-Ellen Demitrius:

> A visão do diretor não era melhor do que a de seu cliente. Entretanto, ele tinha aprendido a observar e ver os carneiros. Sabia como a sua forma quebrava os padrões sutis das colinas. Podia detectar a leve diferença entre a cor dos carneiros e a cor das rochas. Havia aprendido onde os carneiros tinham maior probabilidade de se reunir em hora específica do dia. Ele adquiriu experiência. Desenvolveu contato permanente com os carneiros. Ele, mais do que qualquer outra coisa, tinha prática. Aquilo que para o diretor se tornara automático era novo para o seu cliente – até que ele também aprendeu a enxergar os carneiros.[5]

Vejamos quatro testemunhos de ilibada sabedoria sobre a importância da aquisição desse conhecimento:

1. Mark Forstater, norte-americano, produtor de filmes e documentários para a televisão, escreveu sobre a importância de uma visão seletiva:

   > O olho saudável deveria enxergar tudo visível e não dizer: *só quero ver coisas verdes*, porque essa é a condição de um olho enfermo.[6]

2. William Emery Nickerson, ex-Chief Executive Officer da Gillette Company que, do alto de sua longa e bem-sucedida carreira executiva, disse durante seu discurso proferido para estudantes do MIT (Massachusetts Institute of Technology):

Ainda assim, quando os profissionais ingressam no mercado para fazer seu trabalho construtivo, após vários anos de estudo, é quase certo que serão atribulados a quase todo momento por problemas difíceis e inquietantes, relativos à equação humana e às personalidades com as quais inevitavelmente se associarão. Então, eles aprenderão, por experiências caras e amargas, que esses problemas humanos têm de ser resolvidos. Eles se tornarão cônscios da existência de inveja, ciúme, despeito, ódio, maldade, egoísmo, avareza, arrogância, injustiça, falsidade, desonestidade e outras influências odiosas e destrutivas... De qualquer modo, eles terão de enfrentá-las e defender-se delas da melhor maneira possível ou correrão o risco de serem por elas esmagados.

3. Baltasar Gracián, jesuíta, pensador e cortesão do século XVII, disse:

Muita gente gasta o seu tempo estudando as propriedades dos animais e das ervas (atualmente, finanças, marketing, tecnologia da informação, engenharia genética, entre outros saberes); muito mais importante seria estudar as características das pessoas, com quem temos de viver e morrer![7]

4. Por fim, Carl Gustav Jung (1875-1961), renomado psicanalista, que dizia que a teoria é o melhor disfarce para a falta de experiência e a ignorância, mas suas consequências são deprimentes: intolerância, superficialidade e sectarismo científico. Em certa ocasião, escreveu:

Podemos aprender muito sobre a psicologia por meio dos livros de estudo, mas sempre descobriremos que esse tipo de psicologia não é muito útil na vida prática. Na psicologia, as teorias são o próprio diabo. Uma pessoa encarregada de cuidar de almas deveria ter certa sabedoria de vida que não consiste somente em palavras, mas principalmente em experiência. Tal psicologia, como eu entendo, não é somente determinado conhecimento, mas certa sabedoria de vida, ao mesmo tempo. Se essa coisa puder ser ensinada, será por meio de uma experiência pessoal da alma humana. Tal experiência é possível somente quando o ensinamento tem caráter pessoal, ou seja, quando somos ensinados pessoalmente e não de maneira geral.[8]

Para que você, caro leitor, se torne um mestre no jogo político em uma nova empresa, não custa enfatizar: você deve dedicar parte de seu tempo ao estudo da psicologia daqueles que o cercam. As pessoas são de uma complexidade infinita, e você pode passar a vida inteira observando-as, porém sem nunca saber quem elas verdadeiramente são. Quantos erros e enganos ao longo de uma carreira poderiam ser evitados se os profissionais devotassem mais atenção a esse aspecto? Lembre-se do ex-chefe da Casa Civil da Presidência da República, José Dirceu, que durante vários anos viveu com sua primeira mulher sem que ela soubesse sobre sua verdadeira identidade de guerrilheiro e fugitivo.

A sabedoria universal contém abundantes exemplos de pessoas que foram enganadas simplesmente porque não atentaram para a linguagem dos indivíduos, seus movimentos corporais, suas reações em determinadas circunstâncias e seus valores pessoais, entre outras questões não menos importantes. Saber "ler" corretamente as pessoas pode significar a diferença entre o sucesso e o insucesso em sua carreira profissional.

Todos nós, sem distinção, estamos constantemente lendo as pessoas que nos cercam – em casa, no trabalho, no clube, na igreja, no trem, no metrô, no aeroporto, no restaurante, no hospital etc. Daí porque, com frequência, somos surpreendidos com sentimentos imprevisíveis: "Eu não fui com a cara dele (ou dela)!" "Há algo estranho nessa pessoa. Não sei o que é, mas que existe, existe!" "Foi amor à primeira vista. Assim que a encontrei, senti algo especial por ela!" "Não sei por que não confio no meu chefe. Ele nunca me fez mal, mas não consigo confiar nele!" Quem nunca teve esse tipo de intuição, não é mesmo? Se é assim, por que continuamos sendo vítimas e enganados por pessoas das quais dizemos não gostar? A resposta é óbvia e muito simples: nós não nos prontificamos a estudar e a interpretar criteriosa e detalhadamente as causas de nosso sentimento de repulsa em relação a elas. Preferimos virar os olhos para o outro lado da rua. E, quando menos esperamos, eis que somos surpreendidos com uma forte punhalada pelas costas.

Caro leitor, você poderia a essa altura perguntar sobre a saída mais adequada para esse tipo de situação. Minha resposta é simples: não há soluções prontas. O comportamento humano e as circunstâncias variam a cada momento. Entretanto, várias providências podem e devem ser tomadas:

- Nunca avalie as pessoas baseado única e exclusivamente na primeira impressão. Você poderá cometer um grave erro de avaliação. O melhor mesmo é agir como o escultor que, ao trabalhar uma peça, procura avaliá-la constantemente sobre as mais diferentes perspectivas e ângulos. Isso não significa que eu esteja sugerindo a você desprezar sua intuição e instinto. Ao contrário, você deve aguçá-los ainda mais para prestar atenção aos mínimos detalhes. Eles são componentes importantes e que contribuem para a sua análise. Não raro, muitas empresas em fase de recrutamento se atêm apenas ao superficial na hora de avaliar um candidato a uma vaga – aparência pessoal, MBA cursado em escola de primeira linha, experiência profissional – para poucas semanas depois descobrirem que tudo não passava de um bem engendrado mecanismo de maquiagem.
- Comece, como sugere Jo-Ellen, anteriormente citada, pelos traços mais marcantes e fortes da personalidade das pessoas, inclusive aqueles que não combinam com a primeira impressão. Esse exercício, em geral, engloba três fases distintas, segundo ela:

    1ª A aquisição de conhecimentos de natureza geral, como idade, estado civil, nível de escolaridade, profissão, hobbies, interesses, número de filhos etc.

    2ª Um pouco mais subjetiva, essa fase se baseia nos traços físicos que requerem interpretação – o significado da linguagem corporal e dos maneirismos, a importância das características vocais e a relevância de ações específicas.

    3ª É a fase que reflete as conclusões sobre a personalidade da pessoa com base na análise da informação revelada nas duas fases anteriores. A pessoa é educada ou grosseira? Extrovertida ou introvertida? Arrogante ou humilde? Empreendedora ou reativa? Escorregadia ou firme?[9]

- Examine o contexto de todas as coisas de maneira concreta e racional. As coisas, como sabemos, não acontecem no vazio. Existe uma lei no universo conhecida como lei de causa e efeito – "Aquilo que o homem semear, isso certamente ceifará."[10]

O grande escritor William Shakespeare observou que "o mundo inteiro é um palco, e todos os homens e mulheres são apenas atores... Um homem representa muitos papéis em sua vida".[11] Já Aristóteles, filósofo grego, em *Moral a Nicômaco*, I, 8,[12] dividiu os bens da vida em três classes: os bens externos, os da alma e os do corpo. Por fim, na linguagem de Arthur Schopenhauer, filósofo alemão, podemos ser assim compreendidos:

A. O que somos. A personalidade, no sentido mais amplo, compreendidos aqui a saúde, a força, a beleza, o temperamento, o caráter moral, a inteligência e seu desenvolvimento.
B. O que temos. A propriedade e os haveres de toda natureza.
C. O que representamos. Sabemos que com essa expressão compreendemos o modo pelo qual os outros representam um indivíduo; por conseguinte, o que ele é em sua representação. Vem a ser, pois, a sua opinião ao seu respeito e divide-se em honra, posição e glória.[13]

Portanto, é fundamental que você considere qual dos papéis está sendo encenado e saiba que existem muitas interpretações para quase todos eles.

5
TORNE-SE UM SER POLÍTICO

Quando você entra na arena como rato, deve determinar a que fontes de poder os seus adversários podem recorrer e de quais fontes você mesmo pode se valer. Esse conhecimento é vital porque ajudará você a decidir se pode atacar de imediato ou se primeiro precisa reunir outras fontes de poder.[1]

JOEP P. M. SCHRIJVERS, CONSULTOR ORGANIZACIONAL,
EM *THE WAY OF THE RAT*, 2002

O HOMEM É UM SER EMINENTEMENTE POLÍTICO, ENSINA-NOS a antiga filosofia grega e também a sociologia moderna. Isolado na própria "fortaleza", o homem jamais poderia crescer, atingir plena estatura, empreender ações eficazes, concretizar sonhos e contribuir para o bem-estar e o progresso da humanidade. Daí o ensinamento da Torá: "Não é bom que o homem esteja só: vou fazer-lhe uma auxiliar que lhe corresponda."[2] Ou, ainda, como nos alerta a sabedoria popular: "Nenhum homem é uma ilha em si mesmo."

Quando transplantamos essas premissas para a vida profissional na arena corporativa, há um pensamento que fica tão claro quanto um dia de verão:

> Nenhum profissional que aspire ao sucesso em sua carreira, por mais preparado, talentoso, competente, comprometido e esforçado que seja no exercício de suas atividades, poderá subestimar ou mesmo menosprezar sob qualquer justificativa a importância do exercício legítimo da arte de fazer política.

Se não o fizer, pagará elevadíssimo preço, pois jamais avançará na escada corporativa. Isto é, ficará ano após ano na mesma posição e se queixando de que a empresa não lhe tem oferecido nenhuma oportunidade.

Certa ocasião, perguntaram ao renomado cientista Albert Einstein (1897-1955) o seguinte: "Por que a mente humana foi capaz de descobrir inúmeros mistérios, inclusive o da estrutura dos átomos, porém não foi capaz de criar um instrumento político a fim de evitar que o próprio átomo destrua a raça humana?"[3] O grande cientista respondeu: "Meu amigo, a resposta é muito simples: a política é mais difícil do que a física."[4] Como todo profissional bem instruído sabe, a única maneira de evitar o jogo político é se isolar das pessoas e pretender viver em um mundo exclusivamente próprio, como ocorre com um autista. Entretanto, como ninguém pode empreender uma carreira bem-sucedida em campo vazio e isolado de outras pessoas, de nada adianta empreender esforços e desperdiçar energias para ficar fora desse jogo. Isso somente gera frustração, sentimento de impotência e permanente estado de infelicidade. Moral da história: ou se joga o jogo de acordo com essas regras ou se corre o risco de expulsão da arena corporativa.

Chega a ser trágico ver como um profissional inteligente e dedicado pode explicitamente bloquear a própria carreira e comprometer o futuro profissional sem, contudo, perceber que a origem de toda essa tragédia provém de si mesmo, de seu total desinteresse ou incompetência no manejo da arte de fazer política. Em vez de lutar contra o inevitável, de apresentar desculpas para seu insucesso e de se lamentar e se cobrir de culpa, o melhor a fazer é se destacar no epicentro do poder – aparelhando-se para agir com competência e manter-se visível no radar dos que detêm o poder – a alta administração.

Em qualquer organização, não importa sua origem, porte, segmento mercadológico, complexidade ou estrutura organizacional de poder, é o jogo político que determina o sucesso ou o fracasso de um profissional a partir de determinada posição. O comentário de Kathleen Kelley Reardon, PhD, professora da USC's Marshall School of Business e autora do livro *The Secret Handshake*, confirma nosso argumento:

> Todos os dias pessoas brilhantes ficam para trás de colegas com mais habilidade política por não conseguirem apoio para suas ideias mais importantes. A recusa em participar do que você pode considerar o jogo pesado da política é exatamente o que o manterá subjugado por ela, a observar passivamente suas aspirações de carreira se evaporarem.[5]

O jogo político nas organizações é altamente complexo e cheio de armadilhas, surpresas, avanços e *set backs*. Portanto, nenhum profissional, qualquer que seja a sua posição na empresa onde trabalha, deveria descuidar-se de estudá-lo, séria e meticulosamente. Infelizmente, a maioria dos executivos brasileiros jamais se debruçou sobre esse estudo. Não fizeram leituras especializadas sobre o assunto nem cursos formais sobre política, poder e influência, condução de discussões inteligentes com colegas etc. Você pode fazer esse julgamento sobre si mesmo. Faça a seguinte reflexão:

1. Quais livros você já leu e estudou sobre o assunto? É bem provável que cite *O príncipe*, de Maquiavel (1469-1527),[6] ou outro qualquer, simplesmente porque a leitura dele sempre esteve na moda. Mas será que os leu da primeira à última página? Ou apenas os menciona por ter ouvido falar deles? E, o mais importante, o que você aprendeu e aplicou à própria vida e carreira?

2. Quais cursos fez durante toda a sua formação acadêmica? O fato é que nenhuma de nossas instituições acadêmicas tem em seu currículo cursos sobre o assunto. Na verdade, elas não dão nenhuma importância a esse tema, apesar de sua relevância para sobrevivência de seus alunos no competitivo mercado de trabalho. A maioria de nossas escolas joga sobre os alunos toneladas de teorias gerenciais e técnicas de gestão, muitas delas comprovadamente ultrapassadas, mas vendidas como se fossem novas. Sua contribuição para o efetivo desenvolvimento humano dos educandos é praticamente nula. Indago frequentemente aos meus clientes em processo de *outplacement* se a faculdade os preparou para o mundo dos negócios. A resposta, em quase 100% dos casos, é um sonoro NÃO.

3. Que orientação recebeu de seus pais antes de ingressar no mundo real do trabalho sobre a importância da sabedoria política? A tese que geralmente os pais defendem para seus filhos é a de que a política é algo sujo e deveria ser deixado apenas para pessoas sem caráter, como certos membros de partidos políticos. E o que colhem, eles e seus filhos, quando têm de enfrentar o mundo real? A resposta é dada por Platão, filósofo grego (427-347 a.C.): "O preço que os homens de bem pagam pela indiferença aos assuntos políticos é ser governados pelos maus."[7] Isso se aplica tanto à administração política de uma nação quanto à gestão empresarial. Portanto, nenhum pai deveria encarar o estudo e a prática da política como território que abriga apenas políticos sem escrúpulo, empresários e gestores de carreira egoístas, narcisistas e hedonistas.

Essa aversão à arte da política se justifica: os profissionais, em geral, confundem politicagem com política. O fato é que há uma grande diferença entre elas. A politicagem é a política rasteira, enganosa, suja, reprovável, destruidora e manipuladora, como geralmente vemos na vida política partidária brasileira. Esse tipo de política baixa é tradicionalmente praticada pela escória humana – o lixo da sociedade. Seus artífices são facilmente conhecidos dentro ou fora das organizações. Eles têm e expressam uma visão de túnel. São orientados apenas para a satisfação do egocentrismo doentio e perverso. São sedentos de poder a qualquer preço, inclusive por meio de mentiras e fraudes. Tratam seus subordinados à base de ameaças e da disseminação do medo. São, por natureza, convicção e prática, opressivos e vis. Usam o poder a eles delegado para o próprio benefício. Concentram-se nas acusações e não na solução dos problemas. Têm mentalidade retrógrada e estreita, e enxergam apenas o próprio umbigo. São resistentes a mudanças, pois temem não apenas a perda do poder, mas também dos benefícios dele decorrentes. São inconsequentes, impacientes, imediatistas e inseguros. Negam-se a delegar poder, como se fossem imprescindíveis e insubstituíveis. E, por último, são invejosos e estão sempre na defensiva, pois se sentem ameaçados 24 horas por dia. Nunca olham desinteressadamente nos olhos de seus interlocutores. São escorregadios e gelatinosos.

 Já a política é a mais sublime das formas de elevar o homem à sua plena estatura de administrador responsável. O interesse dos que se enquadram nesse perfil é a promoção do que existe de mais belo na natureza humana – a sua capacidade de influenciar por inspiração e exemplo, de promover o desenvolvimento das organizações e da sociedade, em todas as suas formas, de enfatizar os verdadeiros e permanentes valores de uma sociedade civilizada e humanista. Podemos dizer que a sua verdadeira preocupação está voltada para o bem-estar de seus liderados – apoiando-os no trabalho e em projetos, favorecendo-os na perseguição a seus objetivos. Eles são consequentes, equitativos, entusiastas, pacientes e sabem enfrentar os desvios com coragem e segurança. Além disso, têm excelente imagem de si mesmos, procuram sempre o que existe de melhor nas outras pessoas, são perceptivos e estimulam o sucesso de todos aqueles que os cercam. Incentivam a concorrência saudável e propulsora do progresso. Abordam as mudanças com segurança, pois acreditam que a única e verdadeira certeza apoia-se nas mudanças – a vida é movimento.

4. Você participou de quais seminários e conferências ao longo de sua carreira com foco na importância da política? Se você, meu dedicado leitor, foi recentemente contratado e ainda está tentando se adaptar à nova empresa, não custa enfatizar mais uma vez: a arte da política é um de seus mais fortes aliados. Portanto, use-a com sabedoria, pois dela depende seu futuro. Para reflexão, destaco o sábio conselho de Confúcio (551-479 a.C)[8], filósofo chinês:

"Um cavalheiro tem cuidado em nove circunstâncias:

1. ao olhar, para ver claramente;
2. ao escutar, para escutar nitidamente;
3. na sua expressão, para ser amigável;
4. na sua atitude, para ser deferente;
5. na sua fala, para ser verdadeiro e leal;
6. em serviço, para ser respeitoso;
7. na dúvida, para perguntar;
8. quando zangado, para ponderar sobre as consequências;
9. ao obter uma vantagem, para considerar se ela é justa."[9]

The Analects of Confucius (16.10)

Inúmeros fatores têm contribuído para o fortalecimento e a importância do cultivo e exercício da inteligência política nas corporações pelos profissionais deste início do século XXI. Os recursos humanos financeiros e tecnológicos são limitados em muitas organizações, não importa seu tamanho ou nível de prosperidade. Consequentemente, esses recursos limitados impulsionam e conduzem os profissionais a utilizar os meios políticos para a obtenção desses mesmos recursos. Essa realidade se exacerba ainda mais por ocasião das reduções de custos fixos e variáveis, enxugamentos de estruturas organizacionais e introdução de novas tecnologias, entre outros fatores.

Outro fator é o ambiente organizacional competitivo. Os profissionais vivenciam um nível elevado de concorrência, tanto interno quanto externo. Sabemos que hoje os profissionais enfrentam brutal concorrência, não apenas de seus pares locais, mas também de seus colegas localizados em países distantes.

Acrescente-se a essa realidade os novos fenômenos que estão modificando e moldando a cultura de muitas organizações, como a contratação externa de executivos – e não a promoção de potenciais talentos internos – e profissionais de diferentes níveis no mercado de trabalho, algo impensado em muitas organizações até um passado recente, o culto à juventude em detrimento de talentos não tão jovens por influência direta das empresas de tecnologia da informação, a curta permanência dos profissionais nas empresas (média de três anos e meio), a constatação de que as carreiras começam e também terminam mais cedo, o conceito de responsabilidade individual pela administração da própria carreira e do autodesenvolvimento, a valorização dos cursos de MBA como símbolo de educação refinada, a fluência em vários idiomas, a exposição internacional etc. Aqueles que desprezarem tais fenômenos fatalmente sucumbirão.

Assim, qualquer que seja o motivo de acirramento da competição interna, os profissionais certamente procurarão se valer de *office politics* a fim de se protegerem e incrementarem seu fator ou fatores competitivos.

É preciso levar em conta, ainda, o fato de que os padrões de avaliação de desempenho são burocráticos, subjetivos e não julgam de maneira justa aqueles com chances de serem promovidos. Essas avaliações, na prática, não significam absolutamente nada e são feitas apenas para cumprir uma formalidade burocrática. Se não fosse assim, não se encontraria um número crescente de profissionais demitidos sob a justificativa de que o seu perfil não é compatível com as necessidades da empresa que durante anos a fio os avaliou. Onde está a tão decantada e valorizada visão estratégica dos executivos? Será que ninguém nunca percebeu as mudanças ocorridas no mercado, como os avanços da tecnologia, as mudanças dos processos, o crescimento da concorrência, as novas necessidades de recursos humanos etc.?

O fato é que as recomendações para desenvolvimento dos avaliados feitas pelas empresas são quase sempre superficiais e pífias. Nesse caso, nada acrescentam ao profissional, exceto um sentimento de frustração e de revolta e, por último, a própria demissão. Quando os profissionais descobrirem que o peso político é maior do que o desempenho anual, todos, inevitavelmente, procurarão abrigo no jogo político de sedução e poder. Então se fortalecerá no centro das organizações o provérbio popular que diz: "Não é o que você conhece, mas quem você conhece."

Alguns fatos são bastante curiosos e comprovam o que estou dizendo. É comum, por exemplo, um executivo ir trabalhar de terno azul-marinho, camisa branca e gravata de bolinhas e, a partir daí, ver seus subordinados se vestirem da mesma maneira. Já aconteceu também de os funcionários de uma empresa descobrirem que seu presidente gosta de jogar golfe e provocarem uma verdadeira correria rumo aos principais campos de golfe da cidade para treinar. O presidente gosta de vinho? Não demora muito e surgem pela frente os especialistas no assunto. Essa bajulação parece não ter fim.

É bom dizer, contudo, que não são somente os executivos medíocres que se deixam impressionar por bajuladores disfarçados de golfistas ou de amantes do vinho. Como observou Plutarco (47-120 d.C.),

> se a bajulação, como a maioria dos vícios, corrompesse apenas com mais frequência homens vis e obscuros, talvez fosse mais fácil defender-se dela. Mas, tal como os cupins, que penetram mais facilmente nas madeiras mais macias, ela se liga às almas mais elevadas, cuja simplicidade e bondade de caráter tornam mais suscetíveis à sedução.

E, referindo-se a Simônides, acrescentou:

> Não é um pobre camponês, mas o proprietário de belas terras que pode alimentar os cavalos. Do mesmo modo, não é aos homens

pobres, fracos e desconhecidos que a bajulação se liga, mas às casas opulentas, e mesmo aos reinos e impérios, dos quais frequentemente é a causa da ruína.[10]

A falta de conhecimento ou mesmo de interesse sobre o jogo político dentro das organizações tem gerado inúmeros problemas entre executivos. De nada adianta a adoção de políticas de recursos humanos engenhosamente concebidos para suavizar, melhorar e humanizar o ambiente interno. Algumas constroem dentro de sua própria sede administrativa academias de ginástica e centros para meditação, contratam fisioterapeutas, psicólogos e conferencistas circenses. O objetivo é tentar neutralizar os efeitos devastadores do estresse que infelicita a vida de seus colaboradores. Mas, na maioria das vezes, tudo isso acaba sendo em vão.

Nos bastidores, nos corredores e no cafezinho, o que se ouve são lamentações e reclamações: "A politicagem está tornando esta empresa inviável." "As pessoas não se comunicam e também não se entendem mais na organização." "Do jeito que as coisas estão indo, o melhor é cair fora." "Trabalho duro, que é bom, ninguém quer encarar, pois querem mesmo é *politicar*." Esses são apenas alguns dos desabafos mais comuns e que me são revelados pelos executivos que passam pelo meu escritório.

Recentemente eu atendi uma executiva de marketing que era amiga de longa data. Trata-se de uma profissional bem-formada, elegante, bonita e familiarmente ajustada. Mas em seu íntimo ela se sentia extremamente frustrada com o ambiente de sua organização. Não gostava e não nutria nenhuma simpatia pelo jogo político empreendido por seus colegas, de acordo com suas palavras: "Não tenho mais estômago para tolerar esse tipo de coisa." E, então, começou a chorar como uma criança.

É triste observar que os profissionais fazem qualquer coisa, por mais absurda que seja, para evitar o confronto com a própria alma e com a determinação de buscar conhecimento e capacitação para jogar com destreza, ética e segurança o jogo político. E pagam por isso um preço elevado. Carl Gustav Jung tem um pensamento a respeito que, numa tradução livre, soa como uma profecia. Para ele, muitos praticarão ioga hindu com todos os seus exercícios, farão dieta, aprenderão teosofia e repetirão mecanicamente textos místicos da literatura do mundo inteiro – tudo porque não podem suportar a si próprios e não creem de maneira alguma que algo de útil possa emergir de sua alma. Quem está mal internamente ou sente necessidade de melhorar ou, em poucas palavras, deseja crescer, deve se aconselhar consigo mesmo. A menos que esteja disposto a mudar a si próprio intimamente, nenhum proveito conseguirá tirar de mudanças exteriores que se revelam inúteis, quando não prejudiciais. Esse pensamento se aplica à própria postura de muitos profissionais que ficam atônitos diante do processo político das organizações em que trabalham.

6
ADAPTE-SE O QUANTO ANTES AO NOVO AMBIENTE

Não há na natureza humana qualidade mais notável, tanto em si mesma como por suas consequências, que nossa propensão a simpatizar com os outros e a receber por comunicação suas inclinações e sentimentos, por mais diferentes ou até contrários aos nossos.[1]

DAVID HUME (1711-1776), *A TREATISE OF HUMAN NATURE*

A QUASE TOTALIDADE DOS PROFISSIONAIS BRASILEIROS não planeja sua carreira de maneira estruturada, racional e efetiva. Eles preferem confiar e delegar seu planejamento à empresa na qual trabalham, ao chefe ou mesmo à própria sorte. Isso acontece porque eles não acreditam que algo de útil possa surgir de sua mente e vontade. É a força perniciosa da cultura latino-americana de dependência em marcha, entre tantas outras influências negativas, que limita a visão de longo prazo e valoriza apenas o imediatismo.

A falta de planejamento atinge todas as esferas:

- Planejamento financeiro.
- Projeto de autorrealização e desenvolvimento pessoal detalhado.
- Estratégia para um plano político de poder que permita conquistar novas posições.
- Preparação para aposentadoria já no início da carreira.

Infelizmente, como observou, Carl Gustav Jung,

com demasiada frequência nós nos limitamos ao que é facilmente conseguido, o que significa renunciar a todas as nossas outras potencialidades. Um homem perde uma peça valiosa do seu passado, outro, uma peça valiosa do seu futuro. Qualquer um de nós pode se lembrar de amigos ou companheiros de escola que eram jovens promissores e idealistas, mas que ao nos encontrarmos novamente com eles, anos mais tarde, parecem ter se tornado secos e encolhidos dentro de um molde estreito.[2]

Se você deseja uma carreira profissional de sucesso em sua nova empresa, deve desde já planejar detalhadamente sua ascensão na hierarquia corporativa. Na prática isso significa elaborar e executar um plano estratégico para a conquista do poder – um plano pessoal seu, e não um desenhado por qualquer outra pessoa da organização. Planejando, você dificilmente será pego de surpresa. E, mesmo se tal fato acontecer, você estará preparado para enfrentar o que vier pela frente.

Há uma fábula interessante de Esopo,[3] do século VI a.C., que ilustra bem como é importante planejar e ter prudência diante de algo que ainda não se conhece muito bem. A fábula é sobre dois sapos que viviam numa mesma lagoa. Após longa estiagem, a lagoa secou e eles saíram em busca de outro abrigo. No caminho passaram por um poço profundo e cheio de água. Ao vê-lo, um dos sapos disse: "Vamos descer e fazer a nossa casa neste poço, ele nos dará abrigo e alimento suficiente." O outro sapo, mais prudente, respondeu: "Mas, e se faltar água, como sairemos de um lugar tão fundo?" Moral da história: nunca faça nada no seu novo emprego sem planejar e medir cada obstáculo, ameaças, oportunidades, vantagens e desvantagens. Se você não planejar, como poderá sair de onde está caso seja necessário?

A elaboração do planejamento estratégico para alcançar posições mais elevadas na hierarquia se assemelha a uma campanha político-partidária. As estratégias políticas utilizadas no seu emprego anterior podem não ser as mais adequadas na nova empresa. Daí a necessidade de observar e estudar o novo ambiente, subordinados, pares, superiores, cultura, mitos, símbolos, heróis, vilões etc.

Certa vez eu conduzi um trabalho de coaching executivo vindo de uma empresa de grande porte. Era um profissional que recebia sistematicamente de seus subordinados e pares críticas em relação ao seu comportamento. A situação chegou ao limite quando ele decidiu tomar satisfação de um de seus pares sobre comentários referentes à sua área de atuação. Como não o encontrou, ficou tão revoltado que fraturou o pé depois de chutar o pneu de uma empilhadeira ao passar pela fábrica. Depois de concluir o processo, conversei com o presidente e o diretor de recursos humanos da empresa para apresentar o relatório do atendimento prestado. Sugeri, entre outras ações, um plano de recuperação de sua imagem interna, o que envolveria aspectos como comportamento, postura, relacionamento interpessoal, habilidade política etc. Na reunião, o presidente disse que havia observado mudanças positivas em seu comportamento gerencial. Ele estava menos centralizador e mais próximo de seus subordinados e pares. Aparentemente, tudo caminhava acima das expectativas. Agora, era torcer para que as mudanças fossem para valer. Um ano após essa reunião, o executivo deixou a companhia para assumir uma posição mais elevada em outra organização. A oferta de trabalho era irrecusável sobre qualquer perspectiva de avaliação. Diante dessa atrativa possibilidade, o presidente se rendeu: "Não temos como mantê-lo aqui."

No novo emprego, tudo parecia ir muito bem nos primeiros meses. Mas essa não era a visão de seu novo presidente. Insatisfeito com seu comportamento, principalmente em relação à sua inabilidade política, ele não hesitou em demiti-lo sem lhe dar qualquer chance de se redimir de sua "velha natureza". Lembre-se: o planejamento e a execução de sua "campanha política interna" devem levar em consideração vários fatores:

1. Defina com clareza quais são os seus objetivos ao fazer a "campanha política". Lembre-se de que sua "campanha" somente terá valor se os seus objetivos forem sadios e legítimos, tais como conquistar novas posições, pleitear aumentos salariais ou fugir das garras de um chefe paranoico. Evite fazer política simplesmente porque não tem nada melhor para realizar em seu trabalho.
2. Avalie os custos e os ganhos a serem auferidos de sua "campanha política". Essa avaliação, se bem conduzida, evitará desperdício de esforço, tempo e energia. Portanto, tenha cuidado para não colher dividendos pífios.
3. Procure obter o maior número possível de dados sobre a empresa e o ambiente. Não deixe nenhuma informação escapar. As melhores fontes são as secretárias. Portanto, procure tratá-las com respeito e consideração. A importância da secretária foi destacada por Joe E. Davis, consultor de investimento, que escreveu:

> A secretária do seu chefe pode ser uma das maiores amigas da sua carreira ou uma das maiores inimigas. Ninguém me falou sobre isso. Eu tive de descobrir por conta própria. Muitas pessoas com MBA preocupam-se tanto com os seus pares e chefes que falham ao avaliar a real influência que uma boa secretária tem sobre seu chefe. Ser amigo, gentil e educado, é

meio caminho andado para se conquistar uma aliada importante. Eu dei essa dica ao meu filho quando ele indicou sua carreira, e ele me contou depois que foi o conselho mais valioso que recebera.[4]

4. Faça uma análise dos fatores que constituem o poder. Marilyn Moats Kennedy, em obra anteriormente citada, sugere que o profissional que aspira ao poder necessita encontrar respostas para as seguintes perguntas:

- A quem essa pessoa se reporta? Qual é a sua posição?
- Qual é o estilo gerencial do profissional ora avaliado?
- Quem aprova ou veta as decisões desse profissional?
- Qual o impacto das decisões tomadas por ele sobre a organização como um todo?
- Com que frequência ele tem sido promovido?
- Quantas pessoas estão subordinadas a esse profissional e que tipo de trabalho fazem?
- Quantas pessoas do mesmo nível hierárquico consultam esse profissional e com que intensidade?
- Com quem esse profissional geralmente almoça?
- Esse é um profissional estimado ou odiado na empresa?
- Qual é o background acadêmico e socioeconômico desse profissional?

A expressão "sobrevivência dos mais aptos" é muito conhecida e citada no meio executivo. Entretanto, ela foi terrivelmente adulterada e erroneamente utilizada no dia a dia da vida empresarial ao ser interpretada como "sobrevivência dos mais fortes". Charles Darwin,[5] naturalista inglês do século XIX e criador da Teoria da Seleção Natural, no entanto, jamais a empregou com esse significado. Darwin usou essa expressão para explicar a sobrevivência de organismos mais bem adaptados ao meio ambiente em que viviam. Não existem fundamentos na obra de Darwin para que interpretem "sobrevivência dos mais aptos" de qualquer outra forma que não seja a adaptabilidade às circunstâncias.

Esse conceito de adaptabilidade é significativo também em um sentido diário, não evolucionário: sua habilidade de se adaptar ao ambiente e às influências onde você trabalha. Ela afeta vários fatores, inclusive suas emoções e atitudes, e a forma pela qual você aborda ou evita certas pessoas e situações. Portanto, se ambiciona empreender uma campanha política bem-sucedida no jogo complexo e difícil da conquista de poder, você será forçado a se adaptar para progredir. Nesse caso, observe algumas regras durante sua campanha:

1. Lembre-se de que você raramente tem possibilidade de escolher seu chefe. Alguns são excelentes, competentes e mentores excepcionais. Outros são medíocres, incompetentes e péssimos modelos. Entretanto, enquanto estiver sob sua liderança, é vital o que ele pensa a seu respeito. Sem sua simpatia e aprovação, você não vai a lugar algum. Além disso, pergunte a si mesmo: "Se sou tão mais competente do que meu chefe, por que não estou em sua posição?"
2. Adaptar-se às políticas internas com as quais você não concorda na nova empresa não vai transformá-lo em um profissional excepcional, mas poderá eliminar inúmeras dificuldades que podem inviabilizar sua campanha.
3. A vida corporativa é cheia de regras escritas e não escritas. As últimas, às vezes, são até mais importantes ao longo da campanha empreendida. Portanto, não adianta se rebelar contra elas. Aprenda a segui-las e a observá-las, e isso inclui até mesmo aquelas que o deixam contrariado e magoado por lhe parecerem sem sentido. Infringir as regras corporativas no jogo pelo poder é um mau hábito que raramente produz resultados positivos ou uma recompensa duradoura.
4. Portanto, selecione "seus apoiadores" de campanha com sabedoria. Fazer campanha política em empresa familiar é muito diferente de fazê-la numa empresa multinacional de grande porte. Conduzir uma campanha política em ambiente hostil é conduta mortal.
5. Nunca espere que os profissionais da nova organização se adaptem a você, principalmente os incultos, medíocres e invejosos. Se

você pretende fazer uma campanha política bem-sucedida em direção ao poder, precisará fazer algumas adaptações na própria maneira de pensar, agir e gerenciar. Considere a advertência de Robert Greene:

> Se você alardear que é contrário às tendências da época, ostentando suas ideias pouco convencionais e modos não ortodoxos, as pessoas vão achar que você está apenas querendo chamar a atenção, além de se julgar superior. Elas acharão um jeito de puni-lo por fazê-las se sentir inferiores. É muito mais seguro juntar-se a elas e desenvolver um toque comum. Compartilhe a sua originalidade só com os amigos tolerantes e com aqueles que certamente apreciarão a sua singularidade.[6]

6. Ser adaptável não significa, como muitos creem, abrir mão dos próprios valores e princípios ou se tornar "vaquinha de presépio" que balança a cabeça concordando com tudo. Mas, como disse Benjamin Franklin após ser censurado ferinamente por um *old Quaker friend*:

> Fiz disso uma regra – evitar toda contradição direta aos sentimentos alheios, bem como toda afirmativa decisiva de minha parte. Cheguei a proibir-me o uso de toda palavra ou expressão de linguagem que importasse uma opinião fixa, tais como [certamente, indubitavelmente etc.], e passei a adotar, em lugar delas, [eu suponho, eu penso ou eu imagino] ser uma coisa assim; ou assim me parece no momento. Quando outra pessoa insistia em algo que eu julgava errado, negava-me o prazer de contradizê-la de pronto e de apontar-lhe logo alguns absurdos da sua afirmação; e, respondendo, eu começava por observar que em determinados casos e circunstâncias a sua opinião podia estar certa, mas no presente caso, parecia-me um pouco diferente.[7]

E, mais adiante, acrescentou:

> Muito cedo encontrei as vantagens dessa minha mudança de atitude; as conversas que entretinha tornaram-se mais agradáveis. O modo modesto pelo qual emitia minhas opiniões ensejava-lhes uma recepção mais pronta e uma menor contradição; quando errava

sentia menos embaraço em reconhecer o meu erro e, com mais facilidade, conseguia colaborar com os outros em desfazer os seus enganos e fazê-los seguir meu modo de pensar quando sucedia estar a razão comigo. Esse modo, que a princípio, para ser posto em execução, exigiu-me certa energia para refrear minha inclinação natural, tornou-se, com o passar do tempo, tão fácil e tão habitual para mim, que, talvez durante os cinquenta anos passados, ninguém ouviu escapar de mim uma expressão dogmática qualquer.[8]

Portanto, se sua campanha política objetiva uma carreira profissional em ascensão, saiba quando e como se adaptar a várias situações e circunstâncias. Essa postura melhorará substancialmente suas chances de sucesso.

7. Seja paciente e espere até que as oportunidades compatíveis com sua expectativa se apresentem. Nesse meio-tempo, adquira todo o conhecimento, toda a experiência e toda a sabedoria que puder obter. Isso o ajudará a tornar a campanha política mais bem-sucedida e poderá auxiliá-lo a tomar melhores decisões ao longo da caminhada.

7
SEJA UM ALIADO DO SEU CHEFE

Algumas empresas funcionam em cima da patologia e da miséria pessoal de seus empregados; outras, não. Decida qual tipo de empresa é a sua. Só o fato de uma empresa ser bem-sucedida financeiramente não é garantia de que seus funcionários sejam felizes e educados ou que ela seja um lugar bom para se trabalhar.[1]

KAREN RANDALL, ESCRITORA NORTE-AMERICANA, 1997

O SUPERIOR IMEDIATO DE UM PROFISSIONAL PODE TER – e isso acontece na maioria esmagadora das vezes – um papel decisivo no seu progresso, estagnação ou retrocesso da carreira. Muitas pessoas preparadas, competentes e talentosas comprometem seu futuro porque subestimam a importância e o papel do seu chefe. Acreditam que podem alçar voos mais elevados e avançar independentemente da influência dele e, em consequência, acabam se associando a pessoas erradas.

O seu chefe tem poder sobre você. É um fato incontestável. Existem somente duas coisas que estão ao alcance de suas mãos para assegurar a evolução sadia da própria carreira: a primeira é corresponder e atender plenamente às expectativas de seu superior imediato, preferencialmente antecipando-se a elas; a segunda é se proteger conscientemente de seus "inimigos", sejam eles visíveis ou não.

Corresponder e atender plenamente às expectativas do seu chefe significa muito mais do que empreender as atividades diárias com singularidade e competência. Afinal, elas não passam de obrigação, o motivo pelo qual você foi contratado. O relacionamento maduro e ético vai além: não comporta críticas destrutivas veladas ou em público, insinuações que projetem sombra ou dúvida sobre a competência dele e exageros exibicionistas dos próprios talentos. Tais atitudes só podem provocar desconfiança, formalismo, receio, distância e rejeição da parte do seu superior.

Todo subordinado que deseja construir uma carreira de sucesso deve fazer com que seu superior pareça mais brilhante do que é na realidade e se sinta seguro e protegido no posto que ocupa. Compete ainda ao subordinado se antecipar às suas necessidades e, acima de tudo, demonstrar compreensão e apoio nas mais variadas situações. Não custa lembrar que todos têm suas inseguranças, medos e desconfianças. Quando você se expõe e revela talento e nível de competência de forma arrogante e afrontosa, é natural que sua atitude desperte ressentimentos e rejeição. As vitórias alheias costumam provocar inveja, mas a vaidade de sobrepujar o próprio chefe é tolice e exposição gratuita a um confronto fatal. A superioridade de um subalterno é sempre detestada, especialmente quando ofusca a de seu superior. "Os dirigentes gostam de ser ajudados, mas não de ser ultrapassados, e um conselho dado a eles se ofereça antes por lembrança de algo que apenas esqueceram do que por elucidação daquilo que não tinham competência de entender", alertava Baltasar Gracián já no século XVII.[2]

Eu me recordo de quando fui contatado por um jovem executivo que procurava orientação. Ele vinha apresentando um crescente nível de insatisfação na empresa onde trabalhava, principalmente em relação ao seu relacionamento com o superior imediato. Segundo ele, todos os objetivos dados pela empresa nos últimos três anos foram religiosamente cumpridos. Entretanto, a despeito de seus esforços – 12 horas diárias de trabalho –, viu sua promoção ser postergada sob a alegação de que ele não estava preparado para o exercício de atribuições mais elevadas.

Por mais que ele procurasse compreender os argumentos do chefe, não conseguia aceitar o posicionamento dele. Ele se sentia preterido e passado para trás. Não demorou muito e ele começou a pensar em deixar a empresa, apesar de seu excelente pacote de remuneração e das boas amizades cultivadas com os colegas de trabalho ao longo de vários anos de trabalho. Depois de conversarmos algumas horas, identificamos três aspectos importantes. Em primeiro lugar, ele trabalhava muito e não tinha tempo para "jogar conversa fora" com seu chefe, mantendo-se distante na esperança de que seu trabalho fosse visto e reconhecido. Segundo, seu posicionamento era sempre muito direto em relação às pessoas e aos negócios – as coisas estavam certas ou erradas –, e isso transmitia ao chefe uma percepção de arrogância e inflexibilidade. Terceiro, ele considerava seu superior imediato despreparado. Esse ponto de vista preconceituoso atrapalhava sobremaneira o relacionamento entre ambos.

Durante nossas conversas, sugeri que adotasse uma postura menos crítica em relação ao chefe, um comportamento mais flexível em relação às pessoas e ao ambiente de trabalho e cultivasse uma atitude mais política no sentido de se mostrar um integrante ativo e colaborativo da equipe. Passados seis meses, recebi um e-mail dele com a grande notícia: "Ontem conquistei algo muito importante na minha empresa – a tão sonhada promoção. Estou muito feliz! Ontem eu terminei o dia com uma sensação nova: como é bom viver, como é bom aprender, crescer e conquistar!"

A campanha política mais importante a ser empreendida no trabalho começa pelas relações com o chefe. Qualquer político profissional sabe que, antes de colocar sua campanha na rua, deve conhecer as necessidades mais importantes que seus eleitores gostariam de ter satisfeitas. A partir dessa descoberta, ele precisa desenvolver o discurso e a estratégia mais apropriados e eficazes para conduzi-lo à vitória. Na vida executiva não é muito diferente. Sua imagem, discurso e estratégia têm de estar sintonizados com a necessidade explícita ou não de seu chefe. Daí a importância de você procurar saber logo nos primeiros dias de trabalho na nova empresa quais são as reais necessidades de seu chefe com o propósito de atendê-las. O segredo da formação de uma aliança forte com o seu chefe é saber o que ele deseja que você faça e fazê-lo imediatamente.

Para construir uma relação saudável com o seu chefe, procure responder para si mesmo as seguintes perguntas:

- Quais objetivos meu chefe deseja atingir?
- Quais comportamentos e atitudes o irritam?
- Meu chefe é uma pessoa reservada ou extrovertida?
- Quem são seus inimigos na organização?
- Quais os problemas que mais o afligem?
- Qual é a visão de meu chefe sobre desempenho excelente?
- Que tipo de política organizacional ele pratica e tolera?
- Que tipo de relacionamento ele cultiva com seus subordinados?
- Qual é a imagem de meu chefe na organização?
- Quais são as suas características mais marcantes?
- Que valor meu chefe atribui a seus subordinados?
- Quais são os aspectos que ele mais valoriza nas pessoas?
- Que importância meu chefe dá ao desenvolvimento de seus subordinados?

- Ele gosta ou não de receber elogios?
- Que nível de poder ele verdadeiramente tem na organização?
- Que perspectiva de crescimento meu chefe tem na empresa?
- Há quanto tempo ele está nessa posição?
- Como o superior de meu chefe o percebe no cenário organizacional? Ele lhe faz alguma restrição?

Com as respostas a essas perguntas em mãos, você seguramente terá um perfil detalhado do seu chefe que será muito útil para aprimorar seu relacionamento. É fato que você deve conquistar a confiança de seu chefe no primeiro minuto de trabalho em seu novo emprego, mas é importante que mantenha esse laço ao longo do tempo. Se você não conquistar a confiança dele, será extremamente difícil se manter no novo emprego e crescer profissionalmente mesmo que seja talentoso e dedicado. Da aprovação do seu chefe dependem, entre outras coisas, os aumentos salariais, as avaliações de desempenho justas, uma eventual transferência para outro departamento ou para a matriz no exterior, promoções, referências favoráveis internamente ou relacionadas a um novo emprego no futuro. Seu chefe não pode ser o seu inimigo.

É sempre conveniente medir a "temperatura" do seu relacionamento com o superior imediato para avaliar se você está ou não correndo riscos desnecessários. Eis algumas sugestões para fazer essa avaliação de forma mais precisa:

1. Cheque o nível da química existente entre você e seu novo chefe. Se não houver química humana compatível entre ambos, fique atento. Você não irá a lugar algum. Nick Morgan, editor da *Harvard Management Communciation Letter*, afirma com precisão: "Há algo essencial em relação às conexões intelectuais, emocionais e físicas que um bom subordinado pode criar com seu superior. Há algo poderoso a respeito da química que acontece no momento do contato pessoal, que nenhum outro meio pode reproduzir."[3]
2. Acompanhei certa vez um profissional proveniente de uma grande empresa multinacional em seu processo de transição de carreira.

Indivíduo íntegro, trabalhador e inteligente, entre outras qualidades. Não obstante, sua permanência no último emprego foi de apenas sete meses. Motivo alegado pelo chefe imediato: "Nossa química não bateu." Existem inúmeros sinais indicativos de que sua química não é compatível com a de seu chefe:
- Você não se sente confortável diante dele e vice-versa.
- Ele se esquiva de compromissos sociais com você.
- Evita sua participação nas reuniões importantes e estratégicas.
- Raramente almoça junto com você ou o convida para tomar um cafezinho.
- Tem um comportamento em relação a você que difere totalmente do assumido perante outros membros da equipe.
- Nunca está plenamente satisfeito com os resultados de seu trabalho, mesmo após você ter alcançado todas as metas definidas pela companhia.

Um exemplo que ilustra essas observações pode ser extraído de um episódio que envolve o lendário empresário norte-americano General Robert Wood Johnson (1893-1968) e seu colaborador Eric Marsh, gerente da Johnson & Johnson na Inglaterra. Este, em visita à matriz, foi convidado para um encontro com o general. Nem bem lhe retribuíra o cumprimento, o general lhe perguntou: "O que você acha da nova embalagem do absorvente feminino?" Sem refletir, Eric Marsh respondeu: "Essa é a pior embalagem que tenho visto nos últimos anos." O general, diante de sua resposta, disse: "Eu gostaria que você soubesse que eu desenhei essa embalagem." Nesse momento, Eric silenciou e, sem saber ao certo o que dizer, acrescentou: "Ok, general, quando o senhor comete um erro, geralmente o senhor faz um grande erro." Eric Marsh deixou o gabinete do general e foi diretamente para o *personnel office* a fim de saber qual o valor de sua indenização trabalhista – ele esperava a demissão como resposta à sua franqueza. Dias depois, de volta à Inglaterra, recebeu a cópia de uma carta preparada pelo general e endereçada ao presidente de Personal Products, na qual ele assume a responsabilidade por seu erro ao desenhar a nova embalagem e pedia que ele a modificasse imediatamente.[4]

Procure compreender seu chefe. Infelizmente, as pessoas costumam fazer avaliações apressadas e errôneas sobre ele. É uma lástima, visto que estarão desde o início se envenenando com falsas verdades e pressuposições. Há muito tempo atrás eu li a biografia de Roger Smith,[5] ex-CEO da General Motors Corporation. Segundo seu autor, Smith era um profissional astuto e politicamente sábio. Certa ocasião, seu chefe se aproximou e disse: "Roger, eu gostaria que você transplantasse o edifício-sede da GM desta para aquela outra rua." Sem vacilar e, prontamente, Roger indagou: "Para qual lado deve ficar a porta principal?" É claro que, para muitos profissionais, tal proposição soaria como algo absurdo. Na verdade, o chefe estava testando o seu grau de comprometimento, a abertura mental perante coisas aparentemente impossíveis e, claro, a sua lealdade. Compreenda seu chefe e satisfaça suas expectativas e objetivos. Elabore e apresente o relatório no formato em que ele mais aprecia. Deixe sobre sua mesa ou envie por e-mail as informações de que precisa todas as manhãs. Fique atento à linguagem verbal e corporal dele. Saiba quais são seus verdadeiros e reais objetivos. Procure conhecer com profundidade sua personalidade e temperamento. Conheça seus hábitos, interesses, filosofia e valores pessoais. Estude seu estilo gerencial e a dinâmica de trabalho. Saiba algo sobre sua formação acadêmica e familiar. Identifique que problemas específicos o afligem. Não enrole e não desgaste seu relacionamento com ele, pois você poderá pôr tudo a perder.

3. Apoie seu chefe, principalmente nos momentos mais difíceis, como excesso de trabalho ou tomada de decisão que envolva risco. Tenho aprendido, por experiência própria, que as pessoas a quem assessoramos em momento de grave crise geralmente nunca se esquecem da solidariedade e apoio recebidos. Em contrapartida, aquelas a quem negamos apoio nas horas em que mais necessitam dele, comumente se afastam quando não encontram uma palavra amiga ou uma atitude altruísta de nossa parte. Portanto, apoie-o sempre. Ressalte suas virtudes. Quando não puder falar bem dele fique calado. Escute-o com interesse sobre seus

problemas pessoais e gerenciais. Solicite ou forneça sugestões para a melhoria de seu trabalho. Nunca argumente sobre coisas pequenas. Demonstre respeito em tudo o que fizer. Aceite suas críticas e sugestões, principalmente aquelas relacionadas ao seu desempenho e necessidades de autodesenvolvimento. Nunca confunda críticas profissionais com críticas de natureza pessoal. Cumpra a palavra. Se prometeu entregar o relatório às nove horas da manhã, entregue-o conforme o prometido. Não apresente desculpas marotas e esfarrapadas, pois certamente elas não colarão. E, por último, torne-se seu confidente.

4. Ajude seu chefe a escalar a escada corporativa de maneira mais rápida. Essa atitude vai ajudá-lo a crescer na organização e o beneficiará também a longo prazo. Sabemos que profissionais de sucesso procuram formar uma equipe sólida e coesa que os acompanha por muitos e muitos anos. Que tal se transformar num deles?

Para encerrar este capítulo, cito as palavras da sabedoria talmúdica: "Com a sabedoria se edifica a casa, e com a inteligência ela se firma: e pelo conhecimento se encherão as câmaras de todas as substâncias preciosas e deleitáveis. Um varão sábio é forte, e o varão de conhecimento consolida a força."[6]

8

FAÇA DAS PESSOAS AS SUAS ALIADAS

Ninguém está a salvo da turbulência que agita o ambiente de trabalho moderno. Mas você pode maximizar seu próprio sucesso profissional se assegurando de que, nos primeiros cem dias e nas muitas centenas de dias subsequentes que você encontrar, comece do jeito certo.[1]

THOMAS J. NEFF E JAMES M. CITRIN,
CONSULTORES NORTE-AMERICANOS, 2005

A CADA DIA, AS ORGANIZAÇÕES SE TORNAM MAIS COMPLEXAS, exigentes e, ao mesmo tempo, vulneráveis. O mesmo se pode dizer da carreira profissional. Tudo é incerto e inseguro. Aqueles profissionais que apostam na segurança de sua posição e em privilégios podem acordar sob a ameaça de uma temível demissão. Portanto, o melhor mesmo é encarar as mudanças e não resistir a elas. Quem se colocar contra corre o risco de ficar para trás, desatualizado e sem rumo para o próximo passo.

De acordo com Michael Watkins, professor da Universidade de Harvard, a cada ano ocorre o *turn over* em mais de 500 mil posições gerenciais, somente entre as 500 empresas cobertas pela revista *Fortune*. Além disso, estudos conduzidos pela renomada empresa de consultoria Booz-Allen & Hamilton confirmam que em 2002 e 2003 o número de demissões de *chief executives* em razão do baixo desempenho foi cerca de três ou quatro vezes maior do que em anos anteriores em todo o mundo. Os autores dessa pesquisa concluíram suas observações de maneira pessimista: "Em algum momento, a perspectiva de uma demissão vai parecer tão provável que ela se tornará uma nuvem carregada sobre a cabeça do executivo-chefe, prejudicando seu desempenho."[2]

É inegável que as pressões surgem diária e repentinamente dos mais diferentes cantos e agentes: da fúria intransigente de líderes sindicais cuja visão empresarial e humana muitas vezes não vai além do próprio umbigo, da concorrência de empresas globais e de "empresários" inescrupulosos, sem nenhum comprometimento com a pesquisa e com o desenvolvimento de novos produtos, do insaciável apetite arrecadador do Estado brasileiro, que sufoca até mesmo as mais bem administradas organizações do país, da ausência de infraestrutura e da escassez de recursos humanos. A resposta a essa demanda revela que os recursos humanos existem, mas muitas vezes sem o devido preparo para viabilizar o desenvolvimento do país em toda a sua amplitude.

As pressões podem ser provocadas também por inúmeros fatores internos, como a deficiência de gestores à frente de inúmeras organizações, a falta de comprometimento profissional em todos os níveis hierárquicos, que gera baixos índices de produtividade e de lucratividade, os conflitos de relacionamento entre membros de uma mesma equipe e desta com profissionais de outras áreas, a falta de coesão e sinergia, e a ausência de uma comunicação interna transparente e verdadeira. Esse clima favorece o hábito da omissão: a equipe não se sente motivada a enfrentar as dificuldades e a extirpar os conflitos que minam as relações e a produtividade.

É justamente nesse caótico e desafiador ambiente empresarial interno e externo que você, caro leitor, haverá de assumir suas atribuições em nova empresa. E, ao assumi-las, você inevitavelmente terá de somar forças com indivíduos que nunca viu antes em sua vida profissional. Necessitará ouvi-los com atenção e respeito, por mais absurdas que possam parecer suas ideias e projetos. Terá de evitar todo tipo de julgamento precipitado ou comportamento preconceituoso. E, mais importante do que qualquer outra coisa, terá de influenciá-los positivamente, sejam eles considerados medíocres ou percebidos como iguais ou superiores a você. Nesse caso, influenciar compreende o processo de conhecê-los bem a fim de entender o que eles desejam, quais são suas necessidades e como conseguirá satisfazê-las.

Daí os ensinamentos de Allan R. Cohen e David L. Bradford, professores norte-americanos:

> Para que possa influenciar seus colegas, você precisa: primeiro, compreender cabalmente a realidade e a situação de seus colegas; segundo, saber claramente o que eles desejam e necessitam; terceiro, explorar as diferentes opções e não simplesmente se concentrar em uma única solução; quarto, amarrar todas as solicitações de cooperação aos desejos, objetivos e aspirações de seus colegas; e, finalmente, mesmo que não obtenha sucesso, nunca queimar nenhuma ponte, pois seus colegas poderão desejar voltar.[3]

Sabemos, por experiência e estudo, que as pessoas respondem de maneira positiva apenas quando percebem que ganharão algo em troca. Essa recompensa engloba benefícios pessoais, que favorecem a área em que trabalham e a organização como um todo. Ao tentar ganhar a simpatia de seus colegas, você poderá sofrer reveses se não levar em consideração as suas prioridades, projetos, ideias e cultura. Andrew DuBrin, consultor norte-americano, com grande propriedade observou: "Artistas solo que esquecem de promover seus parceiros durante seu caminho para o poder nunca chegam a exercitar esse mesmo poder."[4]

Visão semelhante esboçou o padre jesuíta Baltasar Gracián no século XVII quando advertiu seus contemporâneos:

> Não se provoque a antipatia, pois ela vem mesmo sem ser chamada. Muitas pessoas criam aborrecimentos gratuitos, sem saber como nem por quê. A maldade costuma ganhar da retidão. A irascibilidade é mais eficaz e rápida em causar danos do que a concupiscência o é em causar prazer. Há quem se deleite em estar mal com todo mundo, devido a seu gênio aflito ou aflitivo. E o ódio, uma vez implantado, tal qual a má reputação, é difícil de extirpar. Temem-se as pessoas judiciosas, detestam-se as gozadoras e abandonam-se as extraordinárias. Demonstre-se, pois, consideração para ser considerado. E, quem quiser prosperar, comece por agradar.

Ao longo dos últimos anos assessorei inúmeros profissionais em processo de recolocação que tiveram a carreira interrompida porque não atentaram para essa verdade. No afã de mostrarem serviço nos primeiros meses de trabalho na nova empresa, eles simplesmente ignoraram o ambiente interno da nova organização e menosprezaram inúmeros colegas. Alguns, ao perceberem o erro cometido, tentaram fazer o caminho de volta com a reconciliação. Mas descobriram que era tarde demais.

A pedido do vice-presidente de recursos humanos de uma importante empresa multinacional, assessorei recentemente o seu mais importante executivo em processo de coaching. Durante o trabalho, percebi que seu destino já estava decretado e selado, pois era inadmissível que um presidente não conhecesse em profundidade seu corpo diretivo, não cultivasse o hábito de almoçar com seus diretores, individual ou coletivamente, não os visitasse em suas respectivas salas de trabalho e se mantivesse por tanto tempo completamente isolado como se vivesse e trabalhasse em uma fortaleza particular.

Ao identificar o problema como um dos mais graves de sua gestão, ele começou a convidar os diretores para almoçar, a visitá-los em suas respectivas salas de trabalho e a se interessar por aquilo que faziam no dia a dia. Entretanto, nenhum de seus diretores acreditava em sua mudança. Desconfiados em relação ao seu novo comportamento, acreditavam que o presidente estava apenas se utilizando de um artifício a fim de se manter em sua posição e preservar o posto. "A sua natureza não mudou em absolutamente nada", diziam. Quando sua demissão foi comunicada pela matriz, nenhum dos diretores que se reportavam a ele saiu em sua defesa ou apoio. Na verdade, todos se sentiram aliviados e felizes.

A conquista de seus colegas de trabalho é assunto por demais importante para que você o relegue a segundo plano ou somente se preocupe em implementá-lo quando estiver em apuros. Isso requer muito mais do que o mero domínio de teorias gerenciais e a busca de resultados a qualquer preço, por mais importantes que sejam. Cito novamente Carl Gustav Jung, que disse:

> Não devemos pretender entender o mundo somente por meio do intelecto; nós o entendemos também muito por intermédio dos sentimentos. Portanto, o julgamento do intelecto é, na melhor das hipóteses, somente uma meia verdade, e deve, se for honesto, admitir também sua inadequação.

E, em outro trecho, acrescentou:

> Além dos dons intelectuais, há os do coração, que não são nem um pouco menos importantes, embora possam passar despercebidos, já que em tais casos a cabeça é frequentemente o órgão mais fraco. E, no entanto, as pessoas dessa espécie às vezes contribuem mais para o bem-estar da sociedade e são mais valiosas do que as que têm outros talentos.

Reconheço que nenhum profissional chega à plenitude da carreira simplesmente observando regras e teorias preconizadas por terceiros. Afinal, a sabedoria não pode ser ensinada por palavras. Ela é somente apreendida pela vivência pessoal. Entretanto, a despeito dessa verdade, você deve refletir sobre os seguintes passos quando estiver na estrada determinado a estabelecer um franco e proveitoso relacionamento com seus colegas de trabalho:

- Nunca apresente suas ideias, opiniões e seus projetos como obras prontas e acabadas. As pessoas verão nisso uma postura de arrogância e fatalmente rejeitarão ambos – você e suas ideias. Portanto, ao ingressar em uma empresa procure discutir suas ideias com os colegas de trabalho que estejam à altura de criticá-las, modificá-las ou aceitá-las com isenção, sabedoria e abertura mental. Por outro lado, lembre-se de que ninguém gosta de sentir que lhe estão apresentando ou vendendo uma ideia, um projeto, um trabalho ou qualquer outra coisa de maneira impositiva. Como escreveu Dale Carnegie, "preferimos sentir que estamos comprando por nossa própria vontade ou agindo de acordo com nossas próprias ideias. Gostamos de ser consultados sobre nossos desejos, nossas vontades e nossas opiniões".[5]
- Por isso, seja um membro ativo e eficaz da equipe desde o primeiro dia de trabalho. Lembre-se de que a mais importante ferramenta de gestão é servir e não ser servido. Apoie seus colegas de trabalho especialmente nos momentos mais difíceis e críticos de sua carreira e trabalho. Compartilhe os créditos recebidos com todos os membros de sua equipe. Não seja egoísta, pois o orgulho e a vaidade extremada poderão destruí-lo. O General Robert Wood Johnson (1893-1968), ex-CEO da Johnson & Johnson, expressou essa verdade ao descrever a filosofia de administração de sua organização:

> Pode-se resumir o nosso conceito de administração moderna numa única palavra: SERVIR. Todo líder tem o dever de ser um servo para com os seus subordinados. Ele reconhece os problemas de outras pessoas, como também o direito de outros para auxiliar e aconselhar. Uma posição alta não significa o exercício ostensivo da autoridade, mas deve inspirar outros por meio dos esforços realizados dentro da estrutura da política corporativa. Esperamos muito pouco do organograma mas grandes coisas dos procedimentos e dos objetivos. Desde que estes sejam compreendidos e aceitos, esperamos que a administração alcance a eficiência máxima através da sua

própria energia. Liderar em qualquer situação humana significa dar direcionamento à energia humana. Significa caminhar à frente dos outros na percepção do alvo; o que significa alcançar tais alvos quando surgirem novos problemas. É o dever do administrador estimular e desenvolver as aptidões dos outros. Responsabilizar-se diante dos outros pelo progresso deles é algo muito distante do conceito de autoridade exercida autocraticamente. O que vale é dar aos subordinados uma compreensão não apenas da política da organização mas também de como pensar independentemente. É um processo pelo qual participamos nas iniciativas, nos estímulos, nas ideias e nos incentivos de outras pessoas. Este conceito de comando ajuda a vencer a estagnação intelectual, o grande problema das grandes organizações, ampliando assim a sua fertilidade no campo das ideias. A maior responsabilidade da administração moderna é a de desenvolver o intelecto humano para que possa ser expresso em talento.[6]

- Segundo, evite as discussões improdutivas e infrutíferas. Elas contribuem apenas para o desgaste físico, psicoemocional e espiritual das pessoas. O estadista Benjamim Franklin dizia: "Quando discute, inflama-se e se contradiz, você pode, algumas vezes, conseguir uma vitória; mas será uma vitória sem proveito porque nunca contará com a boa vontade do seu oponente."[7]
- Compartilhe as fofocas comumente ouvidas em seu ambiente de trabalho. Elas também têm seu propósito e valor, apesar de vistas com reserva e desconfiança por muitos. Até recentemente, as fofocas eram vistas e tidas como algo que preenchia apenas a mente de profissionais que não tinham nada de melhor para fazer. Contudo, uma criteriosa avaliação sobre o assunto demonstra que a fofoca serve a propósitos bem definidos na organização: torna mais tolerável o pesado fardo do trabalho repetitivo, é fator humanizante em ambiente organizacional altamente tóxico e despersonalizante, é veículo útil na fomentação do espírito de equipe, é uma força extremamente socializante porque aproxima as pessoas de diferentes posições.

Entretanto, a despeito do valor das fofocas, cuidado para não ser visto como fofoqueiro profissional, pois poderá cair em total desconfiança e descrédito. Uma consideração importante deve merecer sua reflexão acerca da divulgação de fofocas no ambiente de trabalho: cuidado para não propagar fofocas sobre pessoas que de antemão você sabe não serem verdadeiras. "A mentira", disse François de Callières,

> deixa sempre uma gota de veneno atrás de si, e mesmo o sucesso mais retumbante, se conquistado à custa de desonestidade, ergue-se sobre uma base insegura, pois desperta, na parte derrotada, um sentimento de exasperação, um desejo de vingança e um ódio que constituirão sempre uma ameaça para seu adversário.[8]

- Procure ser polido, educado e diplomático em tudo o que faz. Isso não significa que você não deve ter opinião sobre os mais variados assuntos, as pessoas, as políticas, os procedimentos etc. Ao contrário – você deve tê-las, além de saber apresentá-las e defendê-las com elegância, bom julgamento e equilíbrio. Buda, ao conversar com seus discípulos, dizia: "Ódio nunca termina por ódio, mas por amor."[9] Consequentemente, um mal-entendido nunca termina pela discussão, mas pela tática, diplomacia, conciliação e um desejo simpático de ver o ponto de vista da outra pessoa que nos contradiz, critica e questiona.

Abraham Lincoln, ex-presidente dos Estados Unidos, repreendeu um jovem oficial do Exército por manter violenta discussão com um de seus colegas de farda:

> Nenhum homem que está decidido a elevar-se ao máximo pode ter tempo para conter-se. Menos ainda pode esforçar-se no medir as consequências, inclusive da perversão de seu temperamento e a perda do controle de si mesmo. Seja mais condescendente nas coisas para as quais você não demonstrou senão direitos iguais; e conceda menos naquelas em que seu direito é claro. É preferível ceder o caminho a um cachorro a ser mordido por ele, disputando-lhe um direito. Mesmo se matando o cachorro não se evitará a dentada.[10]

Em outras palavras, quando uma pessoa vocifera, a outra deve apenas ouvir, pois quando as duas vociferam não há comunicação e sim ruído e más vibrações.

9

SEJA UM LÍDER QUERIDO E ADMIRADO

Meu trabalho como executivo-chefe, da maneira que eu o enxergava, era o de eliminar qualquer inibição ou medo que amarrasse essas pessoas com as correntes da insegurança. O jeito de fazer isso era criar na ITT um clima de crescimento e oportunidade, um clima no qual cada colega carregasse o seu fardo, onde ele fosse motivado a brilhar não apenas porque eu cobraria mas por causa da pressão do grupo e de seu próprio orgulho.[1]

HAROLD S. GENEEN (1910-1997), EX-CEO DA ITT, "LEADERSHIP"

O SUCESSO DA CARREIRA DE QUALQUER PROFISSIONAL EM um novo emprego dependerá, em grande medida, do apoio recebido de seus subordinados em todas as circunstâncias da vida empresarial – mudanças radicais na política interna, definição e implementação de novas estratégias de negócio, execução de projeto de redução de custos, demissão de colaboradores desmotivados e improdutivos, substituição de tecnologia e processos, implementação de produtos e procedimentos e *joint-ventures, takeovers*, entre tantas outras variáveis. Todos os que ocupam uma posição de liderança necessitam contar com o apoio de equipes altamente preparadas, comprometidas, motivadas e dispostas a segui-los. Não existem líderes sem liderados.

Tenho conversado com inúmeros profissionais partidários confessos da técnica do "grito" no contato com seus subordinados. Muitos a utilizam; alguns, inclusive, com o acréscimo de expressões vulgares e de baixo calão. Parece que apreciam o prazer mórbido de envergonhá-los diante de pares e outros subordinados, de aterrorizá-los com exigências descabidas e medíocres, de mantê-los sob total controle sem o que não se sentem verdadeiramente executivos.

Não há nada mais distante do verdadeiro papel e da conduta de um profissional de "classe A" do que esse comportamento. O líder autêntico é habitualmente educado, cortês, objetivo, carismático, envolvente, otimista e possuído por entusiasmo contagiante, entre outras virtudes. Seria maravilhoso se todos seguissem a recomendação do General Robert Wood Johnson, ex-CEO da Johnson & Johnson:

> Agora é a hora de nos livrarmos de todos os homens e mulheres fracos que ocupam posição gerencial. Temos tolerado situações limites por muitos anos na esperança de melhorá-los e também movidos por sentimento de caridade.[2]

Nessas circunstâncias, o melhor para esses feitores transvestidos de profissionais modernos seria buscar inspiração na filosofia comportamental de executivos bem conceituados do mundo corporativo. Todos poderiam extrair lições de vida da conduta exemplar e dos princípios gerenciais de executivos. Entre eles podemos destacar os seguintes nomes:

- Andrew S. Grove (1936-), PhD em Química e ex-CEO da Intel, que afirmou: "Líderes são indivíduos que fazem pessoas ordinárias fazerem coisas extraordinárias diante de situações adversas. Um líder eficaz necessita integrar habilidades, porém não necessita perceber-se e sentir-se como super-homem."[3]
- T. Coleman du Pont (1863-1930) que no discurso chamado "Are you a Job-Holder or a Result-Getter", disse: "Alguns homens cometem o engano de passar por cima de seus subordinados, de não aceitar seu julgamento. Como você pode esperar desenvolver o melhor que há em um homem se você não permite que ele exercite seu julgamento? O homem que não aprendeu a se relacionar bem com os funcionários não é o tipo de homem para se colocar em uma posição executiva de responsabilidade."[4]
- Louis Gestner Jr. (1942-), ex-CEO da IBM (1993-2000), ao discorrer sobre as diretrizes que devem moldar uma equipe gerencial, afirmou: "Reconheça que todo mundo é provido de certas habilidades e áreas naturais de forças e fraquezas. Crie uma equipe da qual todos participem com sua máxima força de forma que o todo seja bem maior que a soma das partes."[5]
- Montgomery Ward (1844-1913): "Nós todos sabemos que toda organização depende da força pessoal de cada homem nela empregado. Não pode haver exceção de um único homem ou rapaz, mulher ou moça. Todos têm o poder pessoal para ajudar a empresa ou prejudicá-la."[6]

Creio que as melhores perguntas dirigidas a profissionais que divergem dos exemplos citados e adotam a truculência como método de relacionamento com seus subalternos seriam as seguintes:
- É possível uma empresa fabricar os melhores produtos do mercado ou prestar serviços excelentes sob tal liderança?
- É possível a uma empresa cultivar um ambiente que crie, estimule e favoreça o desenvolvimento de profissionais vencedores se o que

eles obtêm em troca pelo trabalho feito é a dor e a humilhação?
- É possível ganhar respeito e confiança de colaboradores quando esses mesmos líderes demonstram em pensamento e em gestos não ter nenhum respeito por si mesmos?
- É possível edificar uma empresa sólida e vitoriosa quando alguns de seus líderes, ao avançarem em sua carreira, deixam centenas de corpos espalhados pelo chão ou mesmo sangue escorrendo escadaria abaixo?

As respostas a essas indagações são simplesmente: não! Se os gestores não adotarem atitudes positivas e edificadoras com seus subordinados, logo saberão que preços terão de pagar – sabotagem, punhaladas pelas costas, informações falsas com o objetivo de prejudicá-los, elaboração de relatórios inconsistentes e entregues fora do prazo combinado, fofocas destrutivas e politicagem em todos os níveis.

A integridade individual gera a integridade do grupo, e isso é essencial para o crescimento de um negócio e o desenvolvimento de seus artífices. É o sistema de orientação e controle que norteia o desempenho da empresa. E, no longo prazo, é pelo seu desempenho que a empresa vive ou morre, sentenciou o General Robert Wood Johnson.

Sam Walton (1913-1992), fundador e ex-CEO da Wal Mart,[7] sabia liderar com grande propriedade seus subordinados com a finalidade de criar a maior empresa do mundo. E o que ele fazia de diferente? Usava seu carisma para motivar o pessoal a realizar grandes feitos. Acreditava com convicção em induzir os colaboradores a se imbuírem do senso de propriedade em relação ao negócio muito antes de outros titãs corporativos adotarem abordagens semelhantes. Explorando sua formidável capacidade de comunicação, conseguia que todos dessem um passo adiante e agissem com criatividade e inovação.

O bem-sucedido empresário baiano Norberto Odebrecht[8] expressa visão muito semelhante à de Sam Walton ao afirmar que

> as empresas que se perpetuam cultivam e praticam uma cultura de inclusão, de pertinência, em relação aos seus colaboradores. Elas

valorizam o trabalho em equipe, tratam seus parceiros sem arrogância e prepotência, entendem que a forma mais importante de potencializar as forças individuais é pela mobilização das forças de todos e das circunstâncias, são desprovidas de vaidades e transmitem segurança.

Poderíamos sintetizar as palavras desses dois grandes empresários com a declaração de um executivo: "Ele me trata como uma pessoa. Ele se importa comigo. É um privilégio trabalhar em sua empresa."

Felizmente há milhares de profissionais nas organizações que se enquadram nesse perfil e que conseguem neutralizar o avanço de gestores truculentos no tratamento com subordinados. Eu me arriscaria a dizer que esses estão com os dias contados. Mais cedo ou mais tarde, eles serão varridos de nossas empresas para sempre. Essa é a minha esperança e a de milhares de profissionais que torcem por um futuro melhor em sua carreira.

Para efeito de reflexão, gostaria de apresentar algumas sugestões de conduta no tratamento de subordinados e colaboradores, pois deles dependerá seu nível de reputação interna e de sucesso.

- Ofereça a seus subordinados "propósito" e a oportunidade para que aprendam, cresçam e se arrisquem sem medo de críticas agressivas ou punições. Lembre-se de que, muitas vezes, trabalhamos em organizações carentes de modelos e heróis. Ganhamos em realidade, porém perdemos em termos de sonhos. Não paramos para conversar com nossos colegas. Fechamos nossos olhos e ouvidos às necessidades alheias. Não emprestamos nossa solidariedade quando precisam de ajuda e apoio. Estamos apenas interessados em nossa própria carreira e sucesso. Como diz Robert Musil em *O homem sem qualidades*: "É exatamente como se aquela antiga humanidade ineficiente tivesse ido dormir em cima de um formigueiro. Quando a nova humanidade acordou, as formigas tinham penetrado em seu sangue; desde então, ela se viu obrigada a se agitar com a maior violência, sem nunca conseguir se livrar dessa sensação de formigamento."[9]

- Mantenha a pressão exercida sobre eles sob total controle. Não exagere na dose, pois poderá sufocá-los. O trabalho precisa ser executado com qualidade, rapidez e eficiência, e isso já representa uma carga por demais pesada para se carregar, principalmente nos dias atuais, quando um funcionário acaba fazendo o trabalho de três. Acrescente-se a esse fardo sua pressão como superior imediato e logo descobrirá que colocou sobre as mãos de seus subordinados mais peso do que eles poderiam verdadeiramente carregar.

- Ganhe o respeito individual e do grupo pelo exemplo que você dá no dia a dia no trabalho – caráter ilibado, comprometimento com o sucesso dos negócios, espírito de solidariedade e de paixão por aquilo que faz. Ninguém conquista o sucesso profissional sem esses sentimentos. Não se iluda. Você ouvirá ou lerá com frequência sobre profissionais que ganharam notoriedade com rapidez. Mas não se esqueça que eles geralmente desaparecem com maior velocidade ainda. Não confunda celebridade com sucesso profissional. São coisas distintas.

- Acolha a divergência. Numa empresa em que não ocorram o debate e a crítica seguramente não existem profissionais que pensam de maneira independente. E onde não existe pensamento independente se instala a ditadura de um único pensamento – o da própria ignorância. O iluminado inventor Thomas Alva Edison (1847-1931), em seu trabalho *Eles não querem pensar*, afirma: "O homem que não se decide a cultivar o hábito de pensar desperdiça o maior prazer da vida. Não apenas perde o maior prazer como não consegue aproveitar o máximo de si mesmo. Todo o progresso, todo o sucesso floresce do pensamento."[10] J. Ogden Armour (1863-1927), industrial norte-americano, em seu discurso chamado "Homens da Armour que progrediram – e por quê" afirma: "Os negócios estão repletos de homens que estariam no topo se apenas aprendessem a construir seus pensamentos. Eles sabem que dois mais dois são quatro, mas jamais param para pensar em quatro do quê."[11]

Proponho que você, amigo leitor, indague a si mesmo se o ambiente que cultiva em sua empresa conduz ao enriquecimento cultural, à autorrenovação e ao engrandecimento seu e de seus colaboradores. Se você for omisso no desempenho dessa responsabilidade, seu futuro, o de sua equipe e o de sua empresa estarão irremediavelmente comprometidos. É melhor que desperte e aja agora!

Ouça, ouça e ouça antes de agir. Dê aos seus subordinados a oportunidade de falarem abertamente e sem medo de serem criticados. Deixe-os terminar o que têm a dizer, por mais que não queira ouvir. Não resista à ideia apresentada, não se defenda nem argumente. Essa atitude apenas levanta barreiras ao seu redor. Procure construir pontes que conduzam ao bom entendimento e à boa convivência com sua equipe.

A história está cheia de exemplos que dignificam o saudável e exemplar relacionamento entre superiores e subordinados, e que ressaltam a nobreza da liderança, principalmente em momentos de grande adversidade. Arrian descreve a história de soldados que traziam água em seu capacete a fim de matar a sede de Alexandre Magno quando ele fazia a travessia do árido e inóspito deserto de Makran (nome atual). À frente de seus bravos soldados, Alexandre enfrentava a difícil caminhada a pé e não montado em um cavalo. Como líder de invulgar bravura, ele não admitia que os soldados o vissem em situação privilegiada, enquanto eles caminhavam pela areia tórrida do deserto. Ao receber a água, ele não pensou duas vezes: derramou-a sobre o solo escaldante e disse que o gesto altruístico de seus soldados tinha matado a sua sede. Suas palavras e o gesto deram inequívoca demonstração de que ele não estava disposto a aceitar um privilégio enquanto seus soldados não pudessem ter o mesmo. Ao ouvir essas palavras, o Exército inteiro se revigorou e passou a se comportar como se todos os soldados tivessem matado a sede.[12]

A grandeza e o poder de realização de uma equipe estão intrinsecamente entrelaçados ao carisma de um líder que entusiasma, motiva e envolve todos os que lidera. E ele faz isso menos com palavras e mais por meio do exemplo.

10

NÃO CONTE COM O ACASO. PLANEJE SUA CARREIRA

Colin Powell é obstinado, firme, sem perder a polidez, e sabe lidar com indivíduos de qualquer classe. Seu potencial para a carreira militar é ilimitado e deveria ser acelerado.[1]

AVALIAÇÃO DE DESEMPENHO FEITA PELO CAPITÃO WILFRED C. MORE, EM 1959, QUANDO COLIN POWELL TINHA APENAS 22 ANOS DE IDADE.

CONSTRUIR UMA CARREIRA DE SUCESSO NUM AMBIENTE DE trabalho frenético e de acirrada competição é um processo complexo, dinâmico, incerto e cheio de armadilhas, principalmente para aqueles que apostam mais na própria sorte do que no talento, no apadrinhamento do superior imediato ou no comodismo de esperar para ver o que acontece. Nenhum profissional está imune às inusitadas surpresas do mundo corporativo. Por melhor que uma pessoa tenha planejado e estruturado sua carreira, escolhido com cuidado a empresa onde a desenvolverá e estudado em profundidade sua área de trabalho e mercado, ela corre o risco de se decepcionar.

É fato também que não podemos ignorar a própria dinâmica do que acontece dentro de uma empresa, o que acaba muitas vezes mudando o curso de muitos profissionais. Mesmo planejando seguir para o norte, pode acabar recebendo um convite para ir rumo ao sul. E essa mudança de rumo pode ser boa. Às vezes, o profissional pode simplesmente estar no lugar certo e na hora certa. Ou mesmo encontrar a pessoa que mudará o rumo de sua carreira numa festa de amigos. A partir de um acaso, você pode ver todas as portas se abrirem de maneira espetacular e surpreendente.

Um exemplo extraordinário dessa realidade pode ser extraído da vida do executivo de recursos humanos da KeySpan, ex-Brooklyn Union, Kenny Moore. Em 1982, após ter dedicado 15 anos de vida a uma comunidade monástica como padre católico, decidiu abandonar a carreira sacerdotal. Ele voltou a viver com a mãe viúva, que residia num apartamento de um único dormitório. Ela era altamente controladora e vivia num nível de pobreza muito grande. Aos 38 anos de idade, o que ele mais necessitava era de trabalho e dinheiro. Mas, devido à sua formação teológica, esse era um objetivo extremamente difícil de realizar. Inesperadamente, depois de bater em tantas e tantas portas diferentes, encontrou em seu caminho de peregrino, solitário e pobre, Robert B. Catell, CEO da KeySpan (Brooklyn Union Gas Company),[2] que lhe ofereceu não apenas um trabalho digno, mas também a oportunidade de mudar o curso de uma empresa centenária. Para sua surpresa, as habilidades desenvolvidas na vida monástica tinham valor inestimável no mundo dos negócios, por mais paradoxal que isso possa parecer a profissionais racionalistas e cartesianos.

Seu sucesso foi surpreendente. Ele descobriu, após intensa pesquisa, que os problemas que afligiam a organização iam muito além da desregulamentação do setor energético pós-Emron, de uma situação financeira deficitária ou mesmo de uma concorrência desleal e predatória. O maior problema dos executivos e da organização era o caráter espiritual e transcendental:

> Os resultados de pesquisas com funcionários cada vez mais fazem os executivos encarar três questões importantes: ninguém confia em seus supervisores, os funcionários não acreditam na alta gerência e os trabalhadores estão estressados demais para se importarem.[3]

Robert B. Catell necessitava mobilizar todos os membros da companhia e conduzi-los, sem grandes traumas e riscos, a uma nova realidade de mercado em que eram maiores as chances de sucesso. Portanto, ninguém melhor do que Kenny Moore para ajudá-lo a fazer essa travessia redentora. Seu background, em sua própria avaliação:

> Desenvolva a linguagem, mitologia e paciência para auxiliar um líder empresarial com o estilo de Moisés em sua jornada. Além disso, eu era o único na empresa que tinha a competência fundamental para lidar com executivos que acreditavam ser infalíveis.[4]

Outras vezes, o profissional está no lugar certo, na hora certa, mas o desafio está muito além de sua competência e preparo. E, ainda, em outras circunstâncias, ele está na hora certa, no ambiente certo, porém está subordinado a um chefe desfavorável. São tantas as variáveis, que se torna extremamente difícil administrá-las e controlá-las. O único consolo razoável nos é fornecido por Carl Gustav Jung:

> A sua vida é o que você tenta viver. Ninguém pode vivê-la por você ou em seu lugar. As suas perguntas são irrespondíveis, pois você quer saber como se deve viver (...). Mas, se você quiser trilhar o seu caminho individual, ele será o caminho que você próprio faz, que nunca é prescrito, que não se conhece antecipadamente e que simplesmente vem

por si só quando colocamos um pé adiante do outro. Se você sempre fizer a próxima coisa que necessita ser feita, prosseguirá com a maior segurança e firmeza no caminho prescrito pelo seu inconsciente.

Alguns anos atrás, assessorei o vice-presidente de uma importante empresa multinacional de serviços em seu processo de *outplacement*. Profissional com sólida formação acadêmica, tinha curso de MBA feito em uma das mais prestigiosas universidades dos Estados Unidos, era fluente em quatro idiomas – português, inglês, alemão e espanhol –, extremamente bem relacionado, educado e socialmente refinado. Ele, à época com 38 anos, parecia ter um futuro excepcional. Mas, inesperadamente, o presidente que o havia contratado, em circunstância também inusitada – ele o conhecera em uma reunião da Câmara de Comércio –, foi promovido à posição de presidente para a América Latina. Ele, naturalmente, esperava ser promovido à posição de presidente das operações no Brasil, em sua substituição, uma vez que ambos haviam discutido essa possibilidade. Chamado às pressas à matriz nos Estados Unidos, logo pensou se tratar da comunicação de sua tão ambicionada promoção. À noite, foi jantar com vários membros da alta administração. Tudo parecia agradável e normal. Nenhum sinal que indicasse qualquer tipo de problema ou ameaça ao progresso de sua carreira.

No dia seguinte, às nove horas da manhã, foi para a reunião agendada com o chefe de seu chefe. Estava feliz e certo de que algo de bom estava para acontecer. Após cumprimentá-lo, ouviu secamente:

> Chamei-o aqui porque preciso colocar um novo executivo em seu lugar. Em razão do momento delicado em que vive a empresa no Brasil, necessito de alguém com perfil inteiramente diferente do seu, mais administrativo, para fazer um *turnaround* nas operações brasileiras. E você não tem esse perfil. Você é um profissional com perfil meramente de marketing. Blá... blá... blá....

Sem compreender absolutamente nada, ele emudeceu. Sentiu o chão desaparecer sob seus pés. E, ao perceber a oportunidade perdida, viu seus sonhos sepultados, ali mesmo, sem que tivesse nenhuma chance de sobrevivência.

Muitas vezes, inúmeros profissionais são surpreendidos com tais notícias. Porém, independentemente do inevitável choque, eles não podem se curvar ante as adversidades impostas e inesperadas. Elas fazem parte do jogo. Muitas vezes, as carreiras empacam sem nenhuma razão aparente, a não ser a má fase. O melhor mesmo nessas horas é erguer a cabeça e olhar para a frente. Afinal, se a carreira dá alguma alegria e satisfação em níveis pessoal e profissional, todo executivo deve cultivá-la ainda mais, assim como cultiva tudo o que lhe dá alguma alegria e razão de viver.

O fato é que, no longo prazo, a sorte desempenha papel menos importante em sua carreira do que os fatores sob seu controle. Daí a importância do planejamento cuidadoso de sua campanha política, interna e externa. Para cargos de nível sênior, o currículo acadêmico, os anos de casa e a dedicação total à empresa não são determinantes na hora de uma promoção. Um bom exemplo do que estou dizendo é o do ex-Secretário de Estado norte-americano, Colin Powell, personificação do sonho americano. Ele nasceu no Harlem, filho de imigrantes jamaicanos, e conheceu a aspereza do cotidiano e o preconceito racial. Ele não se intimidou e começou a identificar suas prioridades. Queria, acima de tudo, ser um profissional bem-sucedido na carreira militar, iniciada em 1958. Não desejava dar margem a uma raiva autodestrutiva, mesmo sofrendo provocações.

E que caminho politicamente saudável ele adotou? Eis sua resposta:

> Se o povo no sul insistia em viver seguindo regras malucas, eu jogaria a meu favor naquele momento. Se era para ficar confinado numa das extremidades do campo, eu ia ser um astro naquele pedaço. Nada do que acontece fora da guarnição, nenhuma das indignidades, nenhuma injustiça ia inibir minha atuação. Não ia ficar emocionalmente perturbado por não poder jogar no campo inteiro. Não me sentia inferior, e não ia permitir que me fizessem acreditar nisso. Não ia deixar que sentimentos alheios a meu respeito se transformassem em meus próprios sentimentos sobre mim mesmo. Racismo não era um problema do negro. Era um problema dos Estados Unidos. E, até que o país o resolvesse, eu não ia permitir que essa tolerância me tornasse uma vitima em vez de um ser humano realizado (...).

A história comprova que ele e tantos outros, em todos os campos do conhecimento e atividades, preferiram seguir os conselhos e o caminho dos homens verdadeiramente sábios. Razão tinha Baltasar Gracián, quando observou:

> Grande sorte é saber reger a sorte, ora esperando-a, pois também nela cabe a espera, ora alcançando-a, pois tem vez e contingência, de tal modo que não se pode aprender seu teor, tão anômalo é seu proceder. Quem a percebeu favorável, que prossiga sem medo, pois ela costuma apaixonar-se pelos ousados, e também como é bizarra pelos jovens. Quem é infeliz não obre, mas retire-se, para não dar lugar a duas infelicidades. Adiante quem a domina.[5]

Caro leitor, o sucesso de sua carreira dependerá em grande medida de sua capacidade de impressionar a alta administração, não importa a posição que você ocupe no organograma, a idade ou mesmo a sua formação acadêmica. Você começa a desenhar o futuro de sua carreira desde o primeiro dia, a partir do momento em que foi admitido em uma empresa. E uma das maneiras de melhor arquitetá-la é por meio de uma bem estruturada e planejada campanha política. Eis as lições que aprendi ao longo de minha vida como consultor e conselheiro para milhares de executivos deste país, extremamente carente de líderes e exemplos:

- **Mantenha-se visível no radar da alta administração empresarial.** Demonstre caráter forte e ética no trabalho, vá além de sua descrição de cargo – caminhe muitas milhas além do que é esperado de você, empreenda trabalhos criativos e que contribuam efetivamente para o progresso da empresa em que trabalha, antecipe as necessidades da alta administração com o propósito de atendê-las, divulgue com inteligência os resultados que conquistou em suas atividades e como elas contribuem para o avanço da organização, antecipe-se aos problemas e não seja o rabo do elefante. Demonstre interesse e aja com espírito de comprometimento em tudo o que faz, mantenha a alta administração sempre bem informada, seja um permanente voluntário, abrace com garra e determinação projetos complexos, faça seu trabalho com

paixão, arrisque sempre e lute pela excelência e a melhoria contínua. Ninguém pode fazer história se não arriscar tudo.
- **Destaque-se nas reuniões de sua empresa.** Essa é a melhor hora para você aparecer e chamar a atenção da alta administração para suas qualidades e potencial. Infelizmente, muitos profissionais encaram as reuniões com seus superiores como se fossem verdadeiros castigos. Profissionais compromissados com o sucesso de sua carreira tiram proveito até mesmo de reuniões consideradas perda de tempo.

Sempre que for a uma reunião, reflita sobre os seguintes comportamentos e adote-os se os considerar procedentes:

- Prepare-se, cabalmente, para cada reunião a que for convocado. Não improvise respostas.
- Dê uma contribuição efetiva. Profissionais inteligentes costumeiramente fazem perguntas inteligentes e apresentam respostas seguras e convincentes.
- Seja pontual e faça anotações de tudo o que for abordado por seus superiores. Não fique fazendo rabiscos sob o olhar crítico e observador dos participantes. Não subestime a inteligência deles.
- Faça comentários de maneira objetiva. Se não tiver algo a contribuir, mantenha a boca fechada. Muitas carreiras são destruídas porque seus *players* não observam essa regra simples.
- Apoie seus superiores. Quando eles apresentarem algo consistente, verbalize seu apoio.
- Evite ficar brincando com clipes, taborilando com a ponta dos dedos sobre a mesa, lendo jornal, mordendo a ponta da caneta, cochichando com o profissional a seu lado, usando o celular etc. Esse tipo de comportamento revela falta de educação.
- Conduza os negócios sob sua responsabilidade como se fossem próprios. Caro leitor, você não trabalha para seu empregador. Você trabalha para si mesmo. Você vende sua experiência, conhecimento, habilidades, talento, determinação, bom humor, sabedoria, tempo e energia, entre tantas outras coisas.

- "Nunca desista, nunca desista, nunca, nunca e nunca."[6] Era isso o que pregava Ross Perot, fundador e ex-CEO da EDS Electronics. Ou, como observou Colin Powell, ao falar dos ensinamentos aprendidos na Academia Militar:

  > A missão da infantaria era aproximar-se e destruir o inimigo. Sem perguntas. Sem ambiguidades nem áreas indefinidas. O oficial de infantaria devia seguir para a batalha demonstrando coragem, determinação, força, eficiência e disposição para o autossacrifício. Estávamos dispostos a ir até para o inferno, se necessário, para cumprir uma missão. Ao mesmo tempo, nos ensinaram a cumprir essa responsabilidade tentando manter vivos a nós próprios e nossos homens.

As lições aprendidas podem ser ditas em poucas máximas:

- Assuma a responsabilidade pela sua guarnição.
- A missão é prioritária.
- Não fique parado aí. Aja.
- Lidere pelo exemplo.
- Sem desculpas, senhor.
- Oficiais sempre comem por último.
- Nunca se esqueçam, vocês fazem parte da infantaria americana, a melhor do mundo.
- E nunca fiquem sem um relógio, um lápis e um caderninho de anotações.[7]

Caro leitor, certamente você não está em uma guerra no mercado de trabalho para matar, mas para construir a riqueza, a prosperidade e o desenvolvimento humano – o seu, de sua família e de seu país. Portanto, dê o melhor de si mesmo em tudo o que faz. Não queira ser igual aos outros. Apareça. Mantenha-se sempre no radar da alta administração empresarial. Valorize cada encontro. Tome nota de tudo o que procede de seus superiores. Eles têm visão do que é estratégico e essencial para a organização. Mantenha abertos os ouvidos e ouça. Depois, escute, escute e escute.

11
DEFINA A SUA AGENDA

O admirável no ser humano é que ele pode escolher sua meta e sair em seu encalço, se tiver a vontade e a coragem necessárias. Não existem muitas linhas retas no mundo dos negócios. É preciso escalar, não planar nas alturas. O que importa é escolher um objetivo e procurar alcançá-lo. Um profissional precisa ter alguma meta para buscar, ou não chegará muito longe.[1]

HARVEY S. FIRESTONE (1868-1938), INDUSTRIAL NORTE-AMERICANO

JESUS CRISTO, EM PARÁBOLA ACERCA DA PROVIDÊNCIA, FALOU

a seus discípulos sobre a importância de uma avaliação honesta e sensata sobre os perigos e desafios postos àqueles que desejavam segui-lo: "E qualquer que não levar a sua cruz, e não vier após mim, não pode ser meu discípulo." E, a fim de fortalecer ainda mais sua tese e ponderação, disse-lhes:

> Pois qual de vós, querendo edificar uma torre, não se assenta primeiro a fazer as contas dos gastos, para ver se tem com que a acabar? Para que não aconteça que, depois de haver posto os alicerces, e não a podendo acabar, todos os que a virem comecem a escarnecer dele, dizendo: este homem começou a edificar e não pôde acabar.[2]

A observação de Cristo é também uma realidade incontestável em nossos dias, principalmente no meio executivo. São poucos os profissionais que se preparam, adequada e plenamente, para o exercício de sua atividade gerencial ou executiva numa nova empresa. Não raro, eles se comportam e agem de maneira elementar, amadora, viciada e de improviso – o famoso jeitinho brasileiro –, que seduz e encanta apenas as mentes medíocres e incapazes de planejar suas ações de maneira responsável e por longo prazo. Portanto, eles têm uma agenda realista, planejada e preparada.

Conheço vários profissionais que se tornaram vítimas de si mesmos. E o que eles fizeram de errado? Alguns pensavam que poderiam empreender a carreira numa nova empresa, em outra posição ou país sem uma agenda realista e factível de trabalho para a execução de seus planos. Outros, ainda, criaram expectativas exageradas sobre o que poderiam executar e caíram em desgraça. Em outras palavras, quando um executivo procura impressionar as pessoas com apresentações fascinantes, palavras bonitas e discursos inflamados, quanto mais ele fala ou discursa, mais comum aparenta ser, e menos controle da situação parece ter. Quanto mais ele fala, maior a probabilidade de se equivocar, de cair em contradição e de prometer o que não pode cumprir.

Qualquer executivo relativamente bem formado e informado sabe que o verdadeiro líder deve: desenvolver um relacionamento com as pessoas que faça com que elas se envolvam em seus projetos e esforços; selecionar pessoas fortes, inovadoras e capazes de oferecer energia, boas ideias e métodos capazes de organizar as ideias apresentadas; ser ousado e estar à frente de seus assessores; sentir todos os problemas que envolvem o grupo de colaboradores; e, mais importante de tudo, dar crédito a quem merece e assumir a responsabilidade pelos erros de seus coadjuvantes. Ele precisa compreender que só existe uma maneira de fazer as coisas acontecerem: fechar a boca e trabalhar duro, dia e noite.

A elaboração estratégica de sua agenda de trabalho numa nova empresa ou posição deve obedecer ao seguinte critério:

- Elabore uma agenda realista e factível. Não crie planos mirabolantes e sem qualquer conexão com a realidade da nova empresa – equipe, clientes, fornecedores, recursos financeiros, tecnologia, mercado etc. Considere todos os problemas internos, sem distinção, qualquer que seja a sua natureza. Identifique as possíveis ameaças, internas e externas. Determine os desafios e oportunidades. Cuidado para não se tornar vítima do próprio passado, querendo elaborar sua agenda tendo por base apenas as experiências acumuladas. O seu passado tem valor apenas como reflexão e aprendizado, não como fórmulas infalíveis. Com o tempo, e diante de um mundo em contínuas transformações, a maior parte das experiências se torna peça de museu. O que seu novo empregador comprou ao contratá-lo foi sua capacidade de fazer diferente e de agregar valor ao novo ambiente. Nunca se esqueça dessa verdade.
- Uma vez identificados os reais problemas de sua área ou empresa, procure solucioná-los o mais rapidamente possível. Não espere. Não adie a tomada de decisão, mesmo que tenha de contrariar a sabedoria comum ou radicalizar. Os seus cem primeiros dias serão determinantes. Todos estarão olhando para você

e esperando para ver como você vai agir. Não subestime a força dos inimigos, principalmente se eles foram preteridos no processo que culminou com sua promoção. Tente conquistá-los e trazê-los para seu campo de ação. Se eles resistirem, não vacile: demita-os.

- Ouça outras pessoas ao elaborar sua agenda – pares, subordinados, superiores, consultores, mentores e, principalmente, seus clientes. Entretanto, nunca despreze sua intuição e sensibilidade.
- Nem sempre é possível implementar sua agenda de trabalho na velocidade desejável. Entre os obstáculos estão a cultura da empresa, a mente pequena de alguns de seus principais executivos e a falta de recursos financeiros e humanos, entre outros. Entretanto, não desanime. Os obstáculos, as dificuldades, as intrigas, as incompreensões e a resistência às mudanças também fazem parte da vida profissional.

Caro leitor, qual é a sua agenda de trabalho no emprego recém-iniciado? Ela é compatível com os planos estratégicos da organização? Você dispõe de recursos humanos, tecnológicos e financeiros para viabilizá-la? Você se preparou adequada e profundamente para elaborá-la? Você, pessoalmente, tem o preparo, a disciplina, a determinação, a energia e o foco para implementá-la? Você é capaz de comunicar claramente sua agenda às pessoas, principalmente aos seus subordinados? Lembre-se de que a liderança não aceita vacilo.

12

COMPREENDA A NATUREZA HUMANA

Seja cauteloso em cada um de seus atos e o que diz e faz seja sempre acompanhado de prudência; e não se preocupe apenas em ter partes e condições excelentes, mas em ordenar seu tipo de vida de tal modo que o todo corresponda a essas partes, e trate sempre e em todas as coisas de ser tal que não discorde de si mesmo, fazendo um corpo só de todas essas boas condições; de sorte que cada ato seu resulte e seja composto de todas as virtudes (...).[1]

BALDASSARE CASTIGLIONE (1478-1529), *IL LIBRO DEL CORTEGIANO*

A CONQUISTA DO PODER NUMA ORGANIZAÇÃO É UM JOGO eminentemente social. Portanto, para conquistá-lo, mantê-lo e exercê-lo com autoridade e sabedoria é imprescindível conhecer a natureza humana. A diversidade requer a gestão de pessoas que não são, nem querem ser, iguais a você. Significa levar em consideração as diferenças ao mesmo tempo em que se desenvolve um todo coeso, como observou R. Roosevelt Thomas Jr.[2]

Infelizmente, muitos profissionais se esquecem dessa verdade e passam a se concentrar apenas no estudo de teorias de administração e de modismos gerenciais, no aprendizado de fórmulas e cálculos matemáticos de alta complexidade, no desenvolvimento e elaboração de planos estratégicos e de marketing mirabolantes, no estudo de matérias como branding, finanças, produção, tecnologia da informação etc. A febre e a corrida empreendida por profissionais a programas de MBA nos últimos anos, no Brasil, é uma demonstração dessa verdade. As pessoas absorvem uma quantidade assombrosa de informações, mas poucas aprendem, verdadeiramente, a transformá-las em sabedoria no dia a dia de trabalho. Daí por que muitas organizações agonizam.

Nossos executivos estudantes deveriam ter em mente, ao se matricularem nesses programas, outros objetivos não menos importantes, como os apontados a seguir pelo professor James March, professor da escola de negócios de Carnegie e, posteriormente, da Universidade de Stanford: "Primeiro, aprofundar uma compreensão intelectual da relação entre atividades de negócios e as grandes questões da existência humana e, em segundo lugar, assentar as bases para formar uma rede de conexões pessoais."[3] Afinal, ao longo de sua carreira, eles descobrirão que esses objetivos serão mais importantes do que qualquer outro.

A história corporativa é rica e abundante em exemplos de profissionais altamente preparados tecnicamente. Entretanto, quando avaliamos a abrangência de seu conhecimento sobre a natureza humana, descobrimos que eles são verdadeiros cavalos selvagens – nunca se interessaram ou se debruçaram sobre o estudo da psicologia humana. O verdadeiro executivo é frio e cartesiano, raciocinam. Eles jamais devem manifestar suas emoções, mas evitar qualquer envolvimento humano no ambiente de trabalho. As consequências desses "ensinamentos" nas organizações são as indiferenças, a improdutividade, a falta de comprometimento, o trabalho por obrigação e não por prazer, a comunicação confusa e os relacionamentos interpessoais conflituosos, entre outras.

Aqui reside o erro fundamental dos gestores que aspiram a obter sucesso na carreira profissional. Eles passam a acreditar que há respostas definitivas, "soluções" e pontos de vista que necessitam somente ser pronunciados em apresentações ou mesmo em relatórios gerenciais para que tudo aconteça ou para que todos os problemas sejam solucionados. Esse modelo em uma empresa costuma levá-la a um grande desastre, com perdas irreparáveis para os negócios. Qualquer administrador bem-sucedido sabe que é impossível administrar uma empresa permanecendo sentado numa sala, lendo relatórios, isolado de todos.

É imprescindível o contato pessoal e permanente com todos os indivíduos, dentro e fora da empresa. O gestor tem de estar onde estão seus colaboradores, clientes, fornecedores e credores. E, para que faça isso de maneira competente, ele precisa conhecer a psicologia humana. Há um episódio extraído da vida do general e ex-secretário de Estado da administração Bush, Colin Powell, que reforça a importância desse conhecimento. Certa ocasião, ele estava na cabine de transmissão com um microfone, gritando com toda a força pulmonar de que dispunha a um tenente que executava determinado trabalho, quando seu superior imediato, o Capitão William C. Louisell Jr., inesperadamente, o surpreendeu. Seu superior, após ouvir os seus brados, puxou Powell pelo braço e o advertiu pelo comportamento descontrolado que exibira. Pouco tempo depois, Colin Powell recebeu uma avaliação de eficiência. As palavras do capitão a seu respeito foram: "Ele tem um temperamento irascível que tenta controlar seus esforços."[4]

Essa avaliação, pelo código de eficiência das avaliações feitas por escrito, era um verdadeiro golpe para um oficial com suas qualificações e conduta, até então exemplar. Aquelas palavras assinalavam o único comentário negativo sobre sua atuação desde o primeiro dia em que vestira uma farda no CPOR. Posteriormente, o Capitão Louisell o chamou e falou de sua explosão verbal ao microfone: "Nunca mais dê mostras do seu temperamento a mim nem a mais ninguém."[5]

Essa advertência, segundo Powell, era por demais degradante para qualquer pessoa que aspirava a postos de liderança. As sábias palavras do grande pensador do século XVII, Baltasar Gracián, devem merecer nossa atenção, principalmente no momento em que as organizações e os relacionamentos se tornam cada vez mais complexos e diversificados em todos os sentidos:

> Outrora, saber raciocinar era a arte de todas as artes; já não basta: é preciso saber adivinhar, especialmente para prevenir tentativas de engano. Não pode ser um entendido quem não for bom entendedor. Há videntes do coração e linces das intenções. As verdades que mais nos interessam vêm sempre por meias palavras; saiba entendê-las a pessoa atenta: tratando-se de coisas favoráveis, rédeas curtas à credulidade; e se odiosas, esporas nelas.[6]

Os gestores das organizações modernas precisam, mais do que nunca, do conhecimento da psicologia humana. Se isso não acontecer de forma disseminada, em breve as empresas se converterão em ambientes inóspitos e hostis aos seres humanos – elas se transformarão em fábricas de fazer profissionais loucos, paranoicos, histriônicos, narcisistas, idiotas, medíocres. Para tentar suprir essa deficiência, muitos profissionais recorrem à leitura de livros de autoajuda, sem profundidade alguma, e que procuram vender receitas prontas, mas de eficácia para lá de duvidosa. E alguns sucessos de vendas acabam formando gurus de capacidade bastante duvidosa que são contratados a peso de ouro para resolver problemas nas corporações. Por que as pessoas recorrem a esse tipo de literatura, que nada mais é do que remendo novo em pano velho, já que estava disponível em tantos outros livros há vários séculos? Há várias razões.

A segunda trata-se de um mix composto pelo avanço tecnológico, o decantado "bem-estar social", a conquista da fortuna e do status social a qualquer preço. Juntos, eles não são capazes de fornecer absolutamente nada que possa superar nosso vazio existencial nem nos dão respostas para a nossa insatisfação permanente e inquietação espiritual. Como resultado dessa realidade, somos todos ameaçados diariamente como se estivéssemos vivendo em permanente estado de guerra ou conflito interior. Como observou sabiamente o Papa João

Paulo II, "ter" objetos e bens não aperfeiçoa, por si, a pessoa humana se não contribuir para a maturação e para o enriquecimento do seu "ser", isto é, para a realização da vocação humana como tal.[7]

A terceira é o esgotamento do modelo mecanicista e cartesiano de especialização que transformou os homens em seres brutos, fragmentados e alienados do seu todo. O desenvolvimento que não é só econômico ou tecnológico apenas é medido e orientado segundo a realidade e a vocação do homem visto na sua globalidade, ou seja, segundo um parâmetro interior que lhe é próprio. Jung chamava a atenção de seus contemporâneos para essa realidade, quando expressou:

> Parece-me muito estranho que não se veja o que uma educação sem as humanidades está fazendo ao homem. Ele perde a sua conexão com a família, com todo o seu passado – toda a estirpe, a tribo –, aquele passado no qual o homem sempre viveu. Pensamos que nascemos hoje como uma tábula rasa, sem uma história. Pensar que o homem nasce sem uma história dentro de si é uma doença. Quando se cresce sem nenhuma conexão com o passado é como se nascêssemos sem ouvidos e olhos e tentássemos perceber o mundo externo.

Por fim está o verdadeiro e honesto desejo que os profissionais sentem de implementar mudanças substanciais na maneira como gerenciam a carreira, as pessoas, os relacionamentos e os negócios. O ambiente interno das organizações tem se tornado a cada dia mais estressante. Inúmeros são os fatores que têm contribuído para essa realidade:

- A pressão exercida por resultados de curto prazo.
- A concorrência interna e externa muitas vezes desleal.
- A presença de profissionais psiquicamente doentes e que humilham seus subordinados em público.

Esses chefes são geralmente conhecidos como executivos vampiros porque se alimentam do sangue alheio em organizações tóxicas, porque envenenam seus colaboradores e depois os atiram na lata do lixo. Na psicologia, são pessoas que possuem características que os psicólogos chamam de distúrbios de personalidade – o antissocial, o histriônico, o narcisista, o obsessivo-compulsivo e o paranoico.

13

PROTEJA-SE CONTRA OS INVEJOSOS

Ele desenvolveu em si uma atitude de modéstia, um modo muito solícito de se aproximar das pessoas. Ele faz com que uma pessoa sinta que não há nada mais na sua mente, que ele está pronto para fazer tudo por essa outra pessoa. (...) Devido ao seu charme pessoal nato, que é uma das suas maiores armas, ele possui, além de uma natureza poética, um modo cativante de tratar as pessoas. São todas provas de seu carisma – até no modo como se move... Ele tinha um modo de se mover, um modo de sorrir, um modo de olhar em volta que era diferente e extremamente pessoal. Havia uma beleza nisso.[1]

MADAME ANNA-TERESA TYMIENIECKA, *HIS HOLINESS: JOHN PAUL II AND THE HIDDEN HISTORY OF OUR TIME*, 1996

A INVEJA É UM DOS SENTIMENTOS MAIS VISÍVEIS E FREQUENTES na vida cotidiana de empresas e de executivos, o que pode ser testemunhado por muitas histórias ouvidas diariamente em suítes executivas, em salas de reuniões, em restaurantes, em escritórios de consultoria de *headhunters* e de *outplacement*, durante a pausa para o cafezinho e nos aeroportos. Esse sentimento é apresentado ao longo da história humana como a mais malfazeja das paixões que pode se alojar no coração de um executivo. A inveja é comparada à traça, que rói ocultamente as vestes, pois dilacera o amor e, por isso, desfaz a unidade ou, ainda, a podridão dos ossos – "Pelo vício da inveja desfazem-se aos olhos de Deus os bons atos da virtude".

No livro *The Ax*, seu autor Donald E. Westlake conta de forma romanceada e objetiva o comportamento satânico e extremado de um profissional invejoso. Demitido de uma empresa e incapaz de conquistar novo emprego, ele arquitetou, após longa e penosa busca, um plano para eliminar do mercado de trabalho todos os seus concorrentes, pelos quais ele nutria grande inveja. Para esse fim, criou uma empresa e lhe deu nome, endereço e telefone – todos fictícios. Publicou um anúncio no principal jornal da cidade com o objetivo de atrair seus mais importantes concorrentes. Depois de receber exatamente 239 currículos, começou a analisá-los, um por um, a fim de determinar quais eram, dentre todos, os mais destacados e competitivos. Analisou formação acadêmica, histórico profissional, associação de classe a que pertencia, igreja que frequentava, hábitos pessoais mais relevantes, tipo de casa em que morava e vizinhança, marca e ano do automóvel que dirigia, horário em que saía para o trabalho e voltava para casa. Ao terminar a avaliação, concluiu: "Estes aqui são meus mais diretos concorrentes, aqueles que estão roubando meu emprego e a minha dignidade e a de minha família."[2]

De posse de todas essas informações, ele arquitetou um macabro plano para eliminar cada um de seus concorrentes. Todos os dias ele saía de casa e ficava à espreita de sua vítima, esperando até que ela abrisse a porta de casa e se dirigisse à caixa do correio, a fim de retirar a correspondência. Nesse momento, ele disparava um tiro certeiro e mortal. Em sua mente doentia e invejosa, após visualizar o corpo que agonizava sobre a grama, dizia: "Eu mereço o emprego, ele não. Preciso resgatar minha dignidade e a de minha família. Este é um a menos no meu caminho..." Após praticar o crime e sair de cena, ele se refugiava durante todo o dia em lugar insuspeito. Ao final do dia, voltava para casa – sua família nada sabia sobre sua longa ausência – e, diante da TV, com um copo de uísque na mão, aguardava ansiosamente a notícia do crime. No momento em que o âncora do telejornal dava a notícia, ele vibrava de alegria. Passados alguns dias, a mesma história se repetia, e um novo concorrente era eliminado.

Essa é, certamente, a inveja em sua forma mais vil e cruel. Portanto, intolerável sob qualquer perspectiva que seja considerada. Entretanto, convém lembrar que a inveja praticada no silêncio e no esconderijo de mentes inferiores – sem a necessidade de disparar um só tiro – é tão repugnante e devastadora para a saúde psicoemocional, mental e espiritual de um profissional quanto a primeira, seja praticada por um indivíduo ou por uma organização.

A inveja que injustamente silencia ou conspira, difama ou denigre um colega de trabalho ou qualquer outra pessoa, quer de forma planejada quer de forma impulsiva, é repugnante e vil por ser fruto do espírito de inferioridade. Como escreveu José Ingenieros:

> As palavras mais cruéis que um insensato lança à cara não ofendem um centésimo das que o invejoso vai espalhando pelas costas. Este ignora as reações do ódio e expressa sua antipatia gaguejando, incapaz de encrespar-se em ímpetos viris. É como se a boca estivesse amargada por um fel que não consegue cuspir nem tragar.[3]

A noção de inveja é tão antiga quanto o surgimento do primeiro homem na face da Terra. É, com frequência, abordada na Bíblia, tanto no Velho como no Novo Testamento. Ela é discutida na rica e exuberante mitologia grega, na literatura clássica e em numerosas histórias populares. Na Bíblia, o primeiro assassinato relatado no Velho Testamento está associado a esse sentimento. Foi por inveja que Caim matou Abel. De fato, como demonstra a exegese bíblica, a inveja desempenhou papel preponderante nesse crime: Abel foi morto porque seu sacrifício ao Senhor era superior ao de Caim.[4] No livro de Deuteronômio, lemos:

"Não cobiçarás nada que pertença ao teu próximo, nem sua mulher, nem sua casa, nem seu campo, nem seu servo, nem seu boi, nem seu jumento."[5]

Nos dias atuais, essa leitura teria outra versão:

> Não cobiçarás o automóvel importado do seu vizinho ou colega nem sua posição hierárquica ou o status social que usufrui, entre outros bens materiais proporcionados pela vida moderna.

São Tomás de Aquino (1226-1274), o mais ilustre teólogo da Igreja Católica, incluía a inveja (juntamente com a avareza) entre os vícios capitais mais detestáveis. A inveja, invídia (*invidentia*), significa não ver, não querer ver o bem do outro.

Na mitologia grega, sua origem é atribuída a um fator sobre-humano: ela ressurge da escuridão noturna e tenebrosa. Ao descrevê-la, a mitologia a representa com uma face de velha, horrivelmente magra e exangue. Sua cabeça é coberta de víboras, em vez de cabelos. Seu olhar é áspero, e os olhos, encovados; ela tem os dentes negros e a língua untada de peçonhas fatais. Com uma das mãos, segura três serpentes e, com a outra, uma hidra ou um archote. Carrega dentro do peito um monstruoso réptil que a devora continuamente e lhe instila veneno. É agitada, não sorri, o sono não consegue fechar-lhe as pálpebras sobre os olhos irritados. Todo acontecimento feliz a aflige ou atiça sua angústia. Destinada a sofrer, é o verdugo implacável de si mesma.

Já na literatura, a inveja está no centro das peças de Shakespeare. A inveja de Iago é um exemplo violento e criminoso desse sentimento. Outros exemplos de inveja nas peças de Shakespeare são a que Cássio sente em *Júlio César* ou as filhas de Lear em *O Rei Lear*. Temos, ainda, o retrato que Milton traça de Satã em *Paraíso perdido*; vemos como Satã, tomado pela inveja e clamando vingança, prepara um cenário segundo o qual o homem será expulso do jardim do Éden. A inveja é, ainda, o tema principal de obras como *L'envie: Fréderic Bastien*, de Eugène Sue, *A inveja* de Yuri Olesha, entre tantas outras.

No campo da filosofia, Aristóteles e Adam Smith expressaram sentimento semelhante, visto que ambos sublinharam a importância do sentimento de inferioridade, predominante na vida do invejoso. Segundo Adam Smith, "a inveja é a paixão que vê com uma aversão maligna a superioridade daqueles que têm verdadeiros direitos a gozar da superioridade que possuem".[6,7]

Filósofos como Francis Bacon (1561-1626) e Immanuel Kant (1724-1804) foram fascinados pelo fenômeno da inveja. Eles sublinharam seu papel determinante na análise do comportamento humano. Kant, por exemplo, via a inveja como parte integrante da natureza humana:

> A pulsão da inveja é inerente à natureza humana. Sua manifestação torna-se um vício abominável, uma paixão não somente condenável e dolorosa para a pessoa que experimenta a destruição da bondade dos outros, uma força oposta ao dever que o homem deve assumir para consigo e com os outros.[8]

Por fim, a cultura popular é recheada de provérbios sobre a inveja, definindo-a como um sentimento negativo e odioso: "cuidado com o olho gordo", "não se tem inveja a defuntos e apartados, se não a vizinhos e achegados", "não tenhas os olhos maiores do que a boca", "se a inveja fosse febre, o mundo inteiro estaria doente".

Os sentimentos da inveja são reações primárias profundamente emocionais e complexas, construídas ao longo da formação da própria identidade, da relação com o próprio ego e das relações com a realidade. Enfim, dos inúmeros fatores que interferem na nossa vida pessoal. Portanto, a inveja é parte integrante da nossa natureza, faz parte do caráter e da emoção, e sempre se inicia no ato de comparar.

Somos todos, ao mesmo tempo, invejosos e invejados. Esse sentimento é por vezes incontrolável e/ou inconsciente. O problema não está no desejo de ter o que é do outro, mas na escolha da maldade que atribuímos ao outro. Portanto, procure entender honestamente seus próprios sentimentos e observe o padrão de conduta que você adota com frequência. A reflexão e o autoconhecimento podem indicar-lhe a escala de valores em que você utiliza os recursos psíquicos (maduros ou imaturos) que compõem a sua defesa e o consequente impacto que provoca nos outros.

Como fator de motivação, a inveja pode ter consequências construtivas ou destrutivas. A inveja competitiva impulsiona as iniciativas positivas, fomenta a ambição no sentido do progresso, do ganho pessoal, da riqueza cultural, da competitividade e do alcance do sucesso. Essa conquista pode ser pessoal, organizacional e territorial (povos e etnia).

Na forma destrutiva, a inveja se manifesta por meio da raiva e da forma precária como resolvemos nossas diferenças. Ou seja, odiamos no outro aquilo que nele admiramos, mas que não se concretiza em nossa vida. Ela nos faz admitir um sentimento de inferioridade inalienável. Um desejo de prejudicar o outro, com a doce ilusão de diminuir a nossa dor. A inveja pode assumir condutas tão distintas como dissimulação, silêncio, indiferença, desdém, calúnia, falso moralismo e hostilidade.

Caro leitor, fique atento a si mesmo e às pessoas que evidenciam esses comportamentos citados. Provavelmente são pessoas com extrema dificuldade de lidar com a diversidade, com seu próprio ego e com a realidade de forma geral. São indivíduos que negam seus ressentimentos e insatisfações, e, por incapacidade emocional, não agem com controle e sensatez. Falta-lhes, na maioria das vezes, um sistema de valores orientado.

Analise e reconheça o padrão de respostas que as pessoas manifestam em suas interações. Tente ler suas intenções. Faça o mesmo com o ambiente e a cultura da empresa onde trabalha: quanto maior a escassez, maior a inveja, quanto menor o nível de cultura e referências comparativas, maior a fomentação da inveja destrutiva. A inveja mora na vizinhança: presidente inveja presidente, operário inveja operário, e assim sucessivamente.

O invejoso pode estar trabalhando a seu lado. Há cuidados essenciais que precisam ser compreendidos e praticados. Confira:

- Evite conversar com o invejoso sobre sua vida pessoal, familiar e, principalmente, sobre seus planos de carreira.
- Saiba que o invejoso não suportará reconhecer seus bens intangíveis como apreço, amizade, sucesso familiar e, principalmente, sua felicidade.

- Modere-se quando falar de suas realizações e conquistas.
- Não permita que ele invada seu espaço privado, não faça convites e não o receba em sua casa, exceto em casos raros e inevitáveis.
- Observe os pontos que detonam a curiosidade do invejoso. Evite-os.
- Se você está se portando de forma exibicionista, "baixe a bola"!
- E, finalmente, estabeleça não só uma distância física (que sempre é possível), mas também uma distância psicológica porque ele fatalmente roubará todas as suas energias e, no final, você se sentirá desgastado e exausto.

Minha mãe era uma mulher extremamente ativa e espirituosa. Cuidava de nove filhos, de uma ampla casa com lindo jardim e de 180 pássaros diferentes. Sua casa estava sempre cheia, e nessas horas havia abundância de frutas, diferentes tipos de bolos e doces, todos caseiros. Mas ela tinha um pressentimento inusitado, principalmente em relação a uma de suas vizinhas, que seus filhos, ainda pequenos, não captavam ou entendiam. No momento em que ela ficava sabendo que essa pessoa viria visitá-la, imediatamente escondia uma planta de estimação.

Um dia, minha irmã mais velha lhe perguntou por que ela sempre escondia aquela planta por ocasião da visita da tal vizinha. Ela, sem qualquer reserva, disse: "Minha filha, há pessoas que são, por natureza, invejosas e que têm o poder de fazer o mal. Seus olhos fazem secar a mais bem cuidada das plantas. Nesse caso, se eu lhe der oportunidade de tocar ou de pôr os olhos sobre minha planta, ela a matará em poucos instantes." Por mais incrível que possa parecer aos céticos, certo dia, de surpresa, a vizinha apareceu, e minha mãe, infelizmente, não teve tempo de remover a planta de estimação. Dois dias após a visita, a planta secou completamente.

Moral desse episódio: quer acredite ou não nesse tipo de fenômeno, proteja-se contra os invejosos antes que eles suguem todas as suas energias, sonhos, realizações e pontos diferenciados de sua vida.

Aqui vale lembrar uma pequena fábula.

Um sapo barrigudo coaxava à margem de um lago quando viu resplandecer no topo de uma pedra, logo adiante, um pirilampo.

Pensou que nenhum outro ser poderia ter o direito de luzir qualidades que ele não pudesse ter. Mortificado pela própria impotência, pulou sobre o pirilampo e cobriu-o com seu ventre gelado. O indefeso pirilampo, quase esmagado pelo peso do sapo, perguntou-lhe: "O que eu te fiz, para desejares me esmagar com o peso do teu corpo?" O sapo, dominado pelo sentimento de inveja, respondeu-lhe: "Por que brilhas no topo de uma pedra?"

Quem não tem brilho próprio e ambiciona ser mais do que é não suporta a luz emanada de uma fonte que lhe seja inacessível. A ambição descontrolada pelo primeiro lugar em todos os segmentos da vida retrata, no mínimo, um desequilíbrio emocional ou uma autovalorização doentia. Por maior que seja o brilhantismo de um profissional de talento em algum campo do conhecimento ou da arte ou de qualquer outra habilidade, haverá alguém com brilho próprio mais intenso do que o seu.

14

SEJA ÍNTEGRO

A maior parte de sua vida é gasta no trabalho. Se o seu trabalho não tiver uma dimensão moral, não é provável que o restante do conteúdo moral de sua vida decline também?[1]

KESHAVAN NAIR, PHD, AUTOR DE *BEYOND WINNING: THE HANDBOOK FOR THE LEADERSHIP REVOLUTION*

AGORA, QUE VOCÊ ASSUMIU UMA POSIÇÃO NUMA NOVA empresa ou foi promovido e mudou de área, é provável que se depare com um superior, par, subordinado, fornecedor, credor ou cliente desonesto. A constatação da falta de integridade poderá não ser imediata, mas suas manifestações, explícitas ou tácitas, revelarão um caráter deformado, vil, decepcionante e degradante. Nos dias atuais, essa é uma probabilidade bem real e próxima com a qual você deve contar a fim de proteger sua carreira, seu futuro profissional e sua reputação – seu bem mais valioso. Como um vírus que se propaga – silencioso, sorrateiro e mortífero –, profissionais desonestos, corruptos ou corruptores estão em todos os lugares e ocupam posições nos mais variados níveis hierárquicos.

Nenhuma sociedade ou instituição está a salvo ou imune à sua presença, sempre nefasta e corrosiva: organizações religiosas das mais variadas orientações doutrinárias, empresas públicas, privadas ou sem fins lucrativos, instituições de ensino, centros de pesquisa, laboratórios, países desenvolvidos ou subdesenvolvidos, pequenas cidades ou grandes metrópoles.

ORGANIZACÕES RELIGIOSAS

A presença de falsos líderes, desonestos, corruptos e hipócritas nas organizações religiosas é tão antiga quanto a sua própria origem. É só consultar a Torá e lá encontraremos os seguintes mandamentos: "Não tomarás o nome do Senhor, teu Deus, em vão"; "Não furtarás"; "Não dirás falso testemunho contra o teu próximo",[2] entre outras recomendações. Sabemos, ainda, por meio de registros históricos, que até mesmo no colégio de discípulos de Cristo, 12 membros apenas, havia um Judas Iscariotes – desonesto confesso – que O entregou por 30 moedas de prata a seus algozes,[3] e um Pedro que o negara, vergonhosamente, três vezes apesar de alertado com antecedência – "Em verdade ti digo que, nesta mesma noite, antes que o galo cante, três vezes Me negarás."[4]

Ao proferir seu mais célebre sermão, conhecido como o Sermão da Montanha, alertou: "Acautelai-vos dos falsos profetas, que se vos apresentam disfarçados em ovelhas, mas por dentro são lobos devoradores."⁵ Nos dias atuais, esses falsos profetas são nacional e mundialmente conhecidos por títulos auto-outorgados, como "apóstolos," "bispos," "televangelistas", "missionários", entre outros. Entretanto, o que os tornam diferentes dos primeiros é que aqueles não tinham canais de televisão, editoras, jornais de circulação nacional, revistas, livros, emissoras de rádio, gravadoras, trios elétricos, conjuntos de rock, de forró e de pagode de Deus, recursos adquiridos com o dinheiro de ofertas e dízimos de homens e mulheres que, desesperados e moídos pelo sofrimento humano, os tornam cada dia mais ricos e prósperos, enquanto seus seguidores, na sua vasta maioria, continuam do mesmo jeito. E, se não progridem, são advertidos de que estão dominadas pelos famosos encostos ou, simplesmente, pela sua real falta de fé.

O mínimo que se pode dizer desses pseudoapóstolos e bispos é que eles são religiosos em púlpitos, mas criminosos de colarinho branco na condução de seus empreendimentos pretensamente espirituais. Em púlpitos, auxiliados por técnicas de marketing de alta visibilidade, tentam vender uma imagem de verdadeiros profetas e curandeiros dos males que afligem homens e mulheres, quando, na verdade, na gestão de seus suntuosos templos e negócios agem como aqueles que transformaram a "casa de Deus" em "covil de ladrões e de salteadores".⁶

Edward Gibbon, em passagens famosas de *O declínio e a queda do Império Romano*, escreveu:

> A credulidade desempenhava o papel da fé; permitia-se que o fanatismo assumisse a linguagem da inspiração, e os efeitos do acaso ou dos planos eram atribuídos a causas sobrenaturais [...]. Os mais curiosos, ou os mais crédulos, entre os pagãos eram frequentemente persuadidos a entrar numa sociedade que afirmava ter realmente poderes milagrosos. Os cristãos primitivos pisavam perpetuamente em terreno místico, e as suas mentes eram exercitadas pelo hábito de acreditar nos acontecimentos mais extraordinários. Sentiam, ou fantasiavam, que de todos os lados eram incessantemente atacados por demônios, consolados

por visões, instruídos pela profecia e surpreendentemente salvos do perigo, da doença e até da morte pelas súplicas da Igreja [...].[7]

Pasmem: Gibbon escreveu na metade do século XVIII, o que significa que a ignorância religiosa não arrefece, mas se aprofunda cada vez mais em nossos dias, caóticos, imprevisíveis e inseguros.

Não pensem, caros leitores, que sou contra a religião. Ao contrário, acredito que Deus seja uma experiência primordial do homem. Desejo apenas discutir o tema – contribuir para a preservação do que é legítimo e para a eliminação de insanidades – a presença de profissionais desonestos que se fazem passar por "homens de Deus". Eles, a meu ver, são piores do que aqueles que não professam nenhuma fé. Pois, se estes, por convicção, não acreditam no sobrenatural, aqueles, por interesses escusos, mentem, enganam e roubam sem qualquer medo de punição.

ORGANIZAÇÕES EMPRESARIAS

Nunca, na história das empresas privadas, se falou e se escreveu tanto sobre crimes de colarinho branco. A impressão que se tem é que algumas empresas, inclusive globais, foram atingidas por uma onda epidêmica criminosa de proporções assustadoras. Pesquisa recente feita nos Estados Unidos confirma que o mundo corporativo norte-americano está literalmente infectado pela corrupção. Mais de um terço das empresas pesquisadas disse ter sido vítima de fraudes ou outros tipos de crimes de natureza econômica.[8]

No Brasil, a realidade não é muito diferente. Pesquisas feitas pelo professor Marcos Fernandes, da Fundação Getulio Vargas, e o Transparência Brasil, revelam dados alarmantes e assustadores:

- 21% das empresas aceitam o pagamento de subornos para conseguir favores.
- 50% dos empresários pesquisados já foram achacados por fiscais tributários.
- 87% relatam que a cobrança de propina ocorre com alta frequência.
- 25% das empresas têm despesas de até 10% de suas receitas com subornos.

- 70% das companhias gastam até 3% do faturamento anual com propinas.
- 96% dizem que a corrupção é um obstáculo importante para o desenvolvimento.
- R$ 380 bilhões de reais é quanto a corrupção custou ao país em 2004.

E o mais triste: pesquisa realizada por conceituada empresa de consultoria diz que 77% dos profissionais pesquisados acreditam que as fraudes aumentarão ainda mais nos próximos anos e que todos os departamentos funcionais das empresas, sem exceção, foram afetados por fraudes.

A corrupção nas organizações, qualquer que seja a sua natureza, não acontece no vácuo. Ela é essencialmente fruto de vários fatores:

- A ausência de valores éticos e morais de suas lideranças – sua causa mais importante.
- O individualismo exacerbado – tirar o máximo proveito pessoal de tudo; a tirania dos números – e resultados a qualquer preço.
- A ênfase exagerada no curto prazo, consequência direta da impaciência dos investidores – fique de olho no trimestre.
- A impunidade – as leis não são aplicadas com a severidade devida. É possível burlá-las – o famoso jeitinho brasileiro de operar –, desde que sejamos espertos, tenhamos um excelente advogado e cultivemos amizades.
- A falta de um sistema de controle eficaz – as portas são fechadas apenas depois de terem sido arrombadas; conflitos de interesse.
- A falta de responsabilidade individual – é sempre possível tentar jogar a culpa nos outros. Raramente, neste país, escutamos um líder dizer: "Eu sou o responsável", "A culpa é minha", "Eu estou errado", "Eu escolhi as pessoas erradas", "Eu tomei uma decisão errada" etc.

Felizmente, o profissional desonesto é facilmente reconhecido pelas suas ações no ambiente, apesar de muitos serem exímios na arte da dissimulação. Primeiro, eles usam indevidamente os recursos financeiros da empresa em benefício próprio. Segundo, eles costumam solicitar a seus subordinados a execução de trabalhos considerados sujos. Isso ocorre, geralmente, na hora de demitir um subordinado do qual não gostam – "ele sabe mais do que deveria saber" – ou dão instruções para que eles falsifiquem as informações que serão submetidas aos seus superiores ou fornecidas ao público, como nos casos da Enron, Marsh & McLennam, Fannie Mae, Time Warner, American International Group etc. No momento em que a "sujeira" é descoberta, simplesmente abandonam ou acusam seus subordinados. Terceiro, eles subtraem ou negam informações a seus pares a fim de tirar proveito pessoal na hora de apresentações à alta administração. Quarto, eles são inescrupulosos, antiéticos, e sua ganância não tem e não conhece limites. São assim por formação, natureza e caráter.

No último ano, minha empresa, a Gutemberg Consultores, foi contratada por uma importante empresa multinacional para assistir um de seus diretores em sua transição de carreira – *outplacement*. No nosso primeiro encontro, ele foi direto e claro: "Gutemberg, eu não preciso de uma empresa de *outplacement* para conquistar meu novo emprego. Eu quero que você transfira para minha conta bancária o que sua empresa está recebendo de meu ex-empregador." Após ouvir essas palavras, fiquei totalmente desnorteado. Mas, depois de refletir, respondi: "Não posso atender ao seu pedido. Eu estaria sendo antiético. E mais, eu estaria participando de um roubo. Se você não quer fazer o trabalho, eu devolvo o dinheiro para a empresa. Não posso jogar pela janela uma reputação conquistada ao longo de quase três décadas." Ele, insatisfeito com minha posição, disse: "Você não pode devolver esse dinheiro para a empresa. O presidente é um ladrão e ele vai ficar com o dinheiro para ele." Segurei a língua. No fundo, eu gostaria de ter dito: "O ladrão é você e não o seu presidente. Ele nunca me pediu dinheiro ou qualquer outro tipo de favor. É você quem está querendo se apropriar de um dinheiro que não é seu e, muito menos, meu. É da empresa." Devido à sua insistência, procurei o presidente da empresa e relatei o ocorrido. Ele, sem titubear, me agradeceu e teve a certeza de que aquele era mesmo um profissional nefasto.

INSTITUIÇÕES PÚBLICAS E GOVERNAMENTAIS

No Brasil, a corrupção política e governamental é endêmica. A organização Transparência Internacional declarou:

> "O Brasil continua um país corrupto e sem mecanismos para lidar com esse tipo de crime" (*Diário do Commercio*, 21 de outubro de 2004, p. 5). O jornalista Janio de Freitas, em seu artigo intitulado "A união faz a farsa" (*Folha de S. Paulo*, 22 de maio de 2005, p. A5) escreveu: "A corrupção tornou-se um sistema. A administração pública no Brasil está carcomida pela corrupção como a madeira por cupins. A corrupção passou a ser uma das instituições que compõem a alma e a forma do regime político brasileiro. Nasce em palácios e no Congresso, nas assembleias estaduais e nas câmaras municipais, e invade a administração.

Há um século, aproximadamente, o renomado jurista baiano Rui Barbosa, discorrendo sobre as consequências maléficas da corrupção institucionalizada que corroía os valores morais e espirituais da Nação brasileira, declarou:

> Todo esse Brasil anêmico, opilado, barrigudo, pernibambo, cretino, desnervado, caxingó, sem memória, iniciativa, atividade, perseverança, ou coragem; toda essa desnaturação da nossa nacionalidade não vem do negro, nem do caboclo, nem do mestiço, nem do português, cuja energia, revolta e desordenada, mas viril, agora mesmo nos está relembrando a têmpera heroica da velha raça. Vem, sim, do mal político, da politicorreia clorótica, enervante, desfibrativa, que entrega a nação a todas as endemias físicas e morais de um povo sem higiene do corpo, ou d'alma. – É desse *morbus*, que, tão difundido e pertinaz quanto o mal de Chagas, se casa com o mal de Chagas na devastação dos nossos sertões.[9]

E, em outro trecho, disse:

> Quando o sistema representativo degenera, quando a política se transvia da Nação para os corrilhos, quando a administração, em vez de administrar, desadministra, relance aí os olhos ao registro da máquina, e vereis que a economia desapareceu dos costumes do

> governo; e vice-versa, em averiguando que a fortuna pública se desbarata, não há mais dúvidas que tirar: podeis estar certos de que a Nação abandonou o governo de si mesma, de que a política usurpou a soberania nacional, de que a administração tende a se converter, se já se não converteu, na organização do latrocínio irresponsável.[10]

No Brasil, a corrupção política e governamental é endêmica. Diante disso, fica claro que é importante para o profissional recém-contratado se proteger de profissionais desonestos na nova empresa. Para isso, aqui vão algumas sugestões.

Nunca comprometa seus princípios e valores por ganhos de curto prazo. Você acabará perdendo no longo prazo. Consulte a história daqueles que sacrificaram seus princípios e logo descobrirá que eles não apenas se autodestruíram, como desestruturaram suas famílias, empresas e a carreira. A mesma sociedade que antes os aplaudia, hoje atira pedras sobre suas cabeças.

Nunca aceite fazer trabalho sujo ou antiético caso seu superior imediato peça. Você não se sentirá bem consigo mesmo e será abandonado aos leões assim que a fraude for descoberta. Nada deve comprar sua reputação. Uma vez que sua reputação venha a ser questionada ou manchada, as portas se fecharão para você. Aja sempre com muito bom senso e discuta com seu superior as razões que o levam a não querer executar tal trabalho. Se ele não aceitar suas ponderações, solicite a demissão imediatamente. Nem ele nem a empresa merecem ter o seu talento. Mantenha as mãos sempre limpas e você nunca terá dores de cabeça, angústia de espírito, insônia e preocupações desnecessárias.

Torne-se padrão de excelência em tudo o que executar – no trabalho, na vida pessoal e na sociedade. Siga o modelo de homens e mulheres que perseguiram ou perseguem vidas éticas e honestas. Eles existem e são maioria.

Escolha seus colaboradores com sabedoria. Teste sua ética pessoal e profissional. Cheque cada informação que fornecem por ocasião das entrevistas. Confira suas referências em profundidade com a diretoria de recursos humanos. Solicite à diretoria de recursos humanos documentação original de diplomas, cursos no Brasil e no exterior. Cuidado com aqueles que apresentam carteira de trabalho recém-adquirida e sem nenhuma anotação sob a alegação de que a última foi roubada ou perdida. Peça para ver a primeira carteira. Se eles relutam em apresentá-la é porque estão mentindo ou querendo esconder alguma informação. Além disso, procure se cercar apenas de profissionais íntegros, dedicados e que assumem responsabilidade pessoal pelos seus atos. Em síntese, recrute e selecione apenas os melhores.

Cultive o espírito de coragem para enfrentar o assédio ou a intimidação de profissionais desonestos. Lembre-se de que cada passo no caminho de um padrão de conduta altamente ético exigirá alta dose de coragem e forte fibra moral. Quando você exercita a coragem moral e faz somente aquilo que é certo, fatalmente se defrontará com um oceano de adversidade, como perda de amigos, dinheiro, posição, popularidade e sucesso. Mas não desanime ou desista de completar a jornada. Esses são prejuízos de curto prazo. No longo prazo, as forças do bem triunfarão sobre as forças do mal. Afinal, a maior fonte de poder em qualquer organização reside no poder pessoal de cada um de seus membros: caráter, coragem, determinação, disciplina, conhecimento e comprometimento com o que é certo e ético.

15
AFASTE-SE DOS PROFISSIONAIS EGOÍSTAS

> Não há ninguém que não possa ser mestre de alguém em alguma coisa; nem há quem não exceda a quem excede. O sábio dá valor a todos porque reconhece o bom em cada um e sabe o que custa fazer benfeito. O tolo despreza a todos, pois ignorando o que é bom escolhe o que é pior.[1]
>
> BALTASAR GRACIÁN Y MORALES, PADRE E PROFESSOR JESUÍTA,
> *ORÁCULO MANUAL*, 195, 1647

ACREDITO QUE VOCÊ, AO ESCOLHER SEU NOVO EMPREGADOR, tenha feito meticulosa, prudente e sábia investigação, pesquisado em profundidade a história da organização e de seus dirigentes, conversado com amigos, fornecedores, clientes, concorrentes e credores, lido tudo o que foi publicado na imprensa nos últimos anos sobre esse empregador, como balanços, relatórios anuais, declarações, entrevistas e discursos de seus líderes em câmaras de comércio, sindicatos patronais e universidades. Também espero que tenha procurado obter informações detalhadas sobre seu futuro chefe, pares e subordinados, como formação acadêmica, trajetória profissional, tempo de casa, atividade sociocultural, características de personalidade, nível de reputação interna e externa, estilo gerencial dominante, nível de ambição, entre outras informações.

É importante, ainda, avaliar a posição que a empresa ocupa no mercado – a saúde financeira, a imagem e o conceito, o potencial de crescimento nos próximos 10 a 20 anos, os principais *players* em seu segmento mercadológico, a qualidade de seus produtos, o nível de compromisso com a satisfação de seus clientes, a sua atualização tecnológica.

Esse é um exercício complexo que demanda tempo e exige olhos críticos. Reconhecemos que é difícil colher todas essas informações – elas normalmente não estão disponíveis ou são sonegadas deliberadamente. Entretanto, todo profissional comprometido com o sucesso de sua carreira, e não apenas com sua imediata recolocação, deve fazer um meticuloso exame antes de aceitar uma oferta de trabalho, por melhor que ela aparente ser.

Infelizmente, apesar de todos os cuidados e precauções tomados, muitos profissionais preparados, maduros e inteligentes se tornam vítimas de pessoas egocêntricas ao assumir uma nova posição ou ser contratado. Esse tipo de indivíduo pode ser encontrado em todos os níveis hierárquicos de uma organização – da média à alta administração. Ele não está confinado nessa ou naquela posição ou área funcional. Qualquer que seja seu nível, é extremamente prejudicial à saúde das organizações e dos indivíduos, como confirmam estudos realizados por pesquisadores do comportamento humano. O seu egocentrismo exacerbado o cega para a realidade à sua volta e, cada vez mais, ele passa a viver no mundo da própria imaginação.

Essa arrogância egocêntrica tem efeito verdadeiramente corrosivo e devastador sobre aqueles que trabalham sob sua gestão, direta ou indiretamente. Seus subordinados o ridicularizam pelas costas e procuram enganá-lo inflando ainda mais seu ego doentio. O espírito de equipe, quando existe, desmorona. O executivo egoísta começa a se cercar de bajuladores. Ele não aceita ser contestado em suas ideias e opiniões. A comunicação nos diversos setores empresariais se torna mero monólogo. A crítica silencia. As novas ideias morrem. As ações empreendedoras desaparecem. A empresa definha.

Costumo comparar o executivo egocêntrico ao médico processado por erro médico do filme *Malícia*, interpretado pelo ator Alec Baldwin. Durante seu julgamento, o promotor o acusou de sofrer do "complexo de Deus", porque acreditava ser infalível. O médico, em própria defesa, faz um discurso emocionante e quase convincente. Entretanto, acaba se incriminando ao descrever a tensão e a enorme pressão que geralmente envolvem uma cirurgia, ocasião em que tem de tomar decisões que determinam a vida ou a morte de um paciente em frações de segundo. Nesse instante, ele declara: "Não acho que eu seja Deus. Eu sou o próprio Deus."

Na vida profissional, o executivo egocêntrico acredita ser Deus, ser melhor e mais inteligente do que todos aqueles que o cercam, de ser, de alguma forma, "iluminado" por alguma entidade superior para saber a resposta de tudo, que está no controle, e os outros estão ali para servi-lo. Além disso, considera-se infalível – ele nunca comete erros. Hitler é um exemplo clássico dessa realidade.

Esse tipo de comportamento em nada se assemelha à confiança e às boas intenções do profissional que acredita em seu projeto de vida ou que já tenha conquistado status, poder, fama, sucesso em sua carreira. Sabemos que a autoestima é fundamental para qualquer pessoa que ambiciona realizar algo de valor ou almeja deixar pegadas consistentes ao longo da vida. O líder verdadeiro precisa, muitas vezes, impor sua personalidade para motivar seus liderados na direção de um objetivo. Mas sua liderança está sempre sujeita a críticas e a correções de rumo. Portanto, ele deve estar disposto a admitir os próprios erros, a ouvir seus críticos e interlocutores, e a analisar suas ações à procura de qualquer sinal de preconceito e vaidade. No Talmude, encontramos advertências como:

> "Sobre tudo o que se deve guardar, guarda o teu coração, porque dele procedem as saídas da vida"; "A sabedoria é a coisa principal: adquire, pois, a sabedoria; sim, com tudo o que possuis adquire o conhecimento"; "O que despreza o seu próximo é falto de sabedoria; mas o homem de entendimento cala-se."[2]

O profissional bem-sucedido e que fez carreira brilhante tem excelentes motivos para se orgulhar de sua sala bem decorada, de seu carro de luxo importado, do helicóptero próprio, de viagens internacionais em poltronas de primeira classe, de hospedagem em hotéis cinco estrelas. Ele não seria uma pessoa normal se não sentisse orgulho ao ver sua foto estampada em páginas de revistas ou seus feitos e comentários destacados em manchetes e matérias de jornais de renome. Essa repercussão é apenas reflexo da sua competência, liderança, determinação e eficiência profissional à frente de uma empresa.

Consulte um executivo de carreira bem-sucedido, empresário renomado, esportista consagrado, cientista respeitado, professor conceituado ou consultor de empresa prestigiado sobre os sentimentos que agitam seu coração ao ser informado de que sua foto está estampada na capa de uma revista ou na primeira página de um jornal. Só posso pensar numa única resposta: orgulho. Não há nada de errado nesse sentimento. O que ele não deve é permitir que esses eventos subam à cabeça e o transformem em uma pessoa arrogante e insaciável.

Quando a vaidade pessoal desmedida assume o controle da mesma maneira que a bebida toma conta do alcoólatra, o profissional se torna vítima de seu egocentrismo. Ele passa a acreditar em seus *press releases* e nos louvores criados pelo seu relações-públicas. Ele fica tão envolvido consigo próprio e com sua vaidade que perde a sensibilidade perante os sentimentos dos outros. Perde o bom-senso e a objetividade. Torna-se um perigo potencial no processo de tomada de decisões. Tudo isso não se evidencia de imediato no trabalho. O egocêntrico não pisa em falso derrubando coisas de sua mesa. Ele não gagueja nem diz tolices. Ao contrário, se torna cada vez mais arrogante. Algumas pessoas, sem saber o que se esconde por trás de tal atitude, tomam sua arrogância por poder e autoconfiança.

Mantenho diariamente longas conversas com executivos das mais diferentes organizações, e eles comentam sobre gestores que ficam literalmente transtornados simplesmente porque a marca ou a cor de seu automóvel não é aquela que foi solicitada. E o que dizer, ainda, das brigas internas entre gestores por salas maiores, mais bonitas, preferencialmente de canto e amplas janelas? E a ciumeira que toma conta de muitos se alguns de seus colegas aparecem mais na imprensa do que eles? Reconheço que, numa sociedade ávida por celebridades porém carente de verdadeiros líderes, é muito fácil embarcar na onda que movimenta e agita o egocentrismo de certos profissionais, sejam eles gênios ou profissionais medíocres.

O egoísmo sempre foi objeto de dúvida para a filosofia e tema de estudo para a teologia, a psicologia, a sociologia, a política, a ética e a moral. Platão, filósofo grego, foi um dos primeiros a se perguntar se os seres humanos são capazes de se preocupar com outra coisa que não o próprio interesse. A *República* é, assim, dedicada ao estudo de nossa capacidade de sacrificar os interesses pessoais em nome da justiça.

No *Leviatã*, Thomas Hobbes[3] (1588-1679) julga que o egoísmo psicológico pode tomar duas formas influentes e distintas. A primeira é a do "egoísmo hedonista", segundo a qual as pessoas só têm motivação para buscar o próprio prazer e evitar toda dor (*Leviatã*, I, 6), enquanto a segunda declara que alguns bens – o poder (*Leviatã*, I, 10, 11), a glória (I, 6; I, 13), a conservação de si (I, 13) – são buscados por eles mesmos, e não simplesmente pelo prazer que proporcionam. Mas esses são bens egoístas para o agente, o que confirma a natureza egoísta dessa segunda forma.

Para Immanuel Kant (1724-1804), as motivações empíricas eram de natureza egoísta (essa perspectiva é mais marcada na *Fundamentação da metafísica dos costumes* [seção 2; Ak. IV, 407-408; Pl. 267-269]; e na *Crítica da razão prática* [parte 1, 4; Ak. V, 27-28; Pl. II, 639-640; Pl II, 639-640] do que na *Metafísica dos costumes*, na qual parece reconhecer a possibilidade de uma simpatia não egoísta em relação ao bem-estar de outrem [II, 2, 37-41; Ak. VI, 462-465; Pl. III, 758-762]).

Confúcio (551-479 a.C.), filósofo chinês, ao discorrer sobre o egoísmo, afirmou: "Um homem pode ter os esplêndidos talentos do duque de Zhou, mas, se ele é arrogante e egoísta, todos os seus méritos não valem nada." Na mesma linha de raciocínio, Mestre Zeng, ao receber a visita do senhor Mengjing – Mestre Zeng estava muito doente nessa ocasião –, disse:

> Ao seguir o Caminho, um cavalheiro presta especial atenção a três coisas: na sua atitude, ele evita precipitação e arrogância; na sua expressão, ele se apega à boa-fé; na sua fala, ele evita a vulgaridade e a falta de sentido.[4]

Sim, os gestores egoístas estão aí à nossa frente. Na maioria das vezes, nada podemos fazer para removê-los de nosso caminho. Eles fazem parte da grande selva que são as corporações. Portanto, é preciso aprender a trabalhar e a conviver com eles, mesmo que muitos tenham de pagar um alto preço. Faz parte do aprendizado. Não se iluda. É uma briga de facas, por vezes invisível.

Se essa é a realidade, como conviver com profissionais egocêntricos no ambiente de trabalho? Eis algumas estratégias que podem ser adotadas:

- Compreenda que, assim como na floresta, há diferentes tipos de animais. Alguns são violentos e outros inofensivos. O mesmo acontece na empresa.
- Nunca espere uma palavra de reconhecimento ou um ato de altruísmo do profissional egocêntrico. Isso seria exigir muito de alguém cujo

centro do universo é ele mesmo. Ele se assemelha em tudo ao religioso da parábola do bom samaritano, cuja inspiração filosófica de trabalho era "O que é meu é meu".

- O profissional egoísta é inseguro e emocionalmente frágil. Ele necessita ser acompanhado por profissionais de saúde, na maioria dos casos. O seu chefe poderá contribuir por meio de aconselhamento e encaminhamento a profissionais especialistas, e deve ser franco, preciso e aberto para promover a confiança e a boa intenção. As atitudes egocêntricas podem estar muito arraigadas e são de difícil correção. Muitos profissionais somente percebem o problema quando são demitidos de maneira sumária.
- A despeito de sua habilidade política, evite alimentar seu ego exagerado e inflado. Não aja como os bajuladores, que desprovidos de méritos pessoais se agarram a esses indivíduos como se fossem carrapatos em pele de cachorro. Não o elogie em público, sabendo de antemão que suas palavras não são verdadeiras, mas servem apenas para alimentar ainda mais um ego doentio.
- Faça diariamente seu trabalho com coragem e esmero, independentemente de ele ser reconhecido ou não. Como dizia Helen Keller: "Olhe para o Sol e nunca terá de ver a sombra."[5] Comporte-se, ainda, como se você fosse um instrumento poderoso de cura de uma personalidade doentia. Reconheço que todos os dias você tem de lutar contra o rio de águas negativas desses indivíduos, da invasão de parasitas que o rodeiam e que desejam sugar seus méritos e o valor de seu esforço no ambiente de trabalho. Mas não desanime. Se você for sábio ao aprender a lidar com essas forças, certamente terá um lugar especial no mundo. Ninguém ocupará seu espaço, a menos que você consinta.
- Nunca reaja de forma impensada a suas provocações. Lembre-se da sabedoria espanhola que diz:

> A sorte gosta de nos pregar peças e acumulará todas as coincidências para nos pegar desprevenidos. Sempre hão de estar a postos a inteligência, o bom-senso, a coragem e até mesmo a beleza, pois o dia de seu

despreparo será o dia de seu descrédito. Sempre faltou o cuidado quando mais necessário teria sido porque o não pensar é a rasteira que nos faz cair.[6]

- Dependendo da situação, faça-se de desentendido. Como ensina Baltasar Gracián Y Morales,

  os maiores sábios às vezes jogam esta peça, e há ocasiões em que o melhor saber consiste em demonstrar não saber. Não se há de ignorar, mas sim fazer de conta que se ignora. Pouco importa ser sábio com os tolos, nem sensato com os loucos: é preciso falar com cada qual em sua linguagem. A única maneira de ser benquisto é vestir a pele do bicho mais simplório.[7]

- Fique atento às armadilhas. Elas são sempre arquitetadas para obtenção de benefícios pessoais. Você não faz parte do processo. Os egoístas podem até proclamar que estão visando o benefício de todos na empresa, inclusive o seu. Não acredite. Eles estão pensando unicamente em si mesmos. Nesse caso, evite ser cúmplice de suas artimanhas e ardis. Pense, observe, estude e analise cada uma de suas palavras e gestos. Deixar-se impregnar pelas primeiras impressões é sinal de incapacidade e mediocridade. Seja crítico.

16
SEJA HUMILDE E EVITE OS ARROGANTES

Não fazia ideia do que era o fracasso nem admitia a hipótese de que uma única derrota viesse bater à minha porta. Eu me tornei cada vez mais autossuficiente e, daí para a arrogância, foi um passo. E essa arrogância se revelava nos menores detalhes. Na época, costumava dizer a meus amigos que nunca ligava a seta do meu carro porque não tinha de prestar contas a ninguém sobre o lado para o qual estava indo. Era assim que minha cabeça funcionava.[1]

ABILIO DINIZ, *CAMINHOS E ESCOLHAS*, 2004.

AO ASSUMIR UMA NOVA POSIÇÃO NUMA EMPRESA NA QUAL acaba de chegar, você normalmente demonstra grande satisfação. Não é para menos. Todo profissional que conquista um emprego tem de superar muitos obstáculos. Trata-se de uma fase embaraçosa e preocupante, que pode comprometer o futuro profissional, com todas as consequências nefastas que acarreta: perda da autoestima, insegurança, dilapidação do patrimônio financeiro, medo, raiva, insônia, brigas e incompreensões familiares, estresse etc. Quando tudo isso fica para trás, você passa a ter a convicção de que a partir daquele momento tudo será diferente. Você se sente um profissional renovado e, também, muito mais amadurecido. Inegavelmente, a demissão contribui para o fortalecimento das pessoas em todos os sentidos, inclusive no seu caráter.

Esse período de transição entre o emprego anterior e o novo é importante para refletir e avaliar em profundidade e sem preconceitos ou medo de críticas todas as vulnerabilidades pessoais e profissionais, os pontos fortes, as principais necessidades de treinamento e desenvolvimento, inteligências múltiplas, competências técnicas, gerenciais e estratégicas, habilidade política, nível de marketing pessoal e extensão de sua rede de relacionamentos – o seu *networking*. É o momento certo para elaborar um plano de vida e carreira de curto, médio e longo prazo, algo que raramente alguém faz em outra condição.

Contudo, esse estado de felicidade pelo novo emprego poderá ter vida curta para sua total descrença e decepção. Por que e como isso acontece até mesmo com os profissionais mais experientes? Porque, a despeito das inúmeras entrevistas conduzidas durante todo o processo seletivo as pessoas não imaginam que podem encontrar um grande obstáculo no meio do caminho, ou seja, um superior arrogante, duro e insensível.

Conheci uma jovem profissional, educada, de boa formação, simpática e talentosa, que havia sido contratada por uma importante empresa multinacional para a posição de gerente de produto. Algumas semanas depois, o vice-presidente de marketing para a América Latina convoca todos os seus liderados, inclusive a recém-contratada, para uma reunião mensal de negócios: discutir o desempenho de uma importante linha de produto. Durante a reunião, a jovem recém-contratada expressou sua visão sobre o posicionamento do produto no mercado, seu nível de aceitação pelos consumidores e a rentabilidade. Nesse instante, o vice-presidente lhe disse de forma arrogante: "Cale a boca. Aqui, eu somente ouço as palavras e opiniões de gerentes de grupos de produto. Não estou interessado em ouvir suas opiniões. Gerente de produto aqui é *shit* (m...)."

Nesse instante, a sala de reunião se converteu num verdadeiro campo de concentração nazista. A jovem teve uma crise nervosa, começou a chorar convulsivamente e, amparada por colegas, se retirou da sala. No dia seguinte, ela solicitou demissão de maneira irrevogável, apesar dos apelos insistentes de colegas para que relevasse a grosseria do vice-presidente. Nenhum apelo ou argumento foi capaz de demovê-la da decisão tomada. O estrago moral causado pelas palavras do arrogante dirigente estava feito. O respeito, uma vez perdido, causa devastação. É quase impossível reconstruí-lo.

Conheci também a história de um executivo brasileiro que estava no elevador da empresa e viu uma funcionária apertar o botão do andar errado. Ao perceber o erro, ela olhou para o executivo e se desculpou pelo engano. Ele nada respondeu, mas assim que a moça deixou o elevador disse aos demais funcionários que dividiam o espaço com ele: "Já não basta você estar com pressa. Tem sempre uma filha da p... que aperta o botão errado, na hora errada." Todos se entreolharam e nada disseram. Engoliram o comentário arrogante até a saída do elevador. Depois, decepcionados, expressaram sua desaprovação. Afinal, se um alto executivo é capaz de se comportar dessa maneira em público, o que ele não será capaz de fazer em sua sala de trabalho e a portas fechadas?

A presença de profissionais arrogantes é, infelizmente, uma realidade muito presente e viva em nossas organizações. Reconheço que eles sempre existirão, apesar de todos os esforços empreendidos por muitas organizações para eliminá-los de seus quadros. Mas é preciso avançar e combatê-los de maneira inteligente. A estratégia utilizada por muitas empresas a fim de extirpar esse câncer que mina e destrói a autoestima e a carreira de muitos profissionais varia de empresa para empresa. Eis algumas delas:

- Criação de uma linha telefônica que grave denúncias formuladas por profissionais, vítimas de abusos provocados por esses maus executivos.
- Contratação de psicólogos e psicanalistas com o objetivo de ajudar esses profissionais na correção de seu comportamento reprovável e insano.
- Promoção de cursos e seminários sobre relacionamento humano – liderança situacional, ioga, *empowerment*, avaliação 360 graus, inteligência moral, espiritualidade, zenbudismo, neurolinguística, *out door training*.
- Distribuição de livros que tenham como tema o comportamento humano dentro das organizações.
- Condução de programas de *coaching, mentoring* e *counseling*.

Todos esses esforços e investimentos, louváveis e honestos em seus propósitos, apesar de não serem cientificamente mensurados, têm produzido em algumas empresas e situações específicas resultados excepcionais. Mas em muitas outras circunstâncias seus resultados são pífios. Afinal, ninguém muda ninguém. Nenhuma técnica, curso ou terapia tem poder suficiente para mudar um indivíduo se ele conscientemente não desejar a mudança.

Vou me valer mais uma vez da sabedoria graciana para expressar o que penso sobre esse tipo de profissional:

> Altos cargos necessitam de uma autoridade adequada ao seu desempenho, sem o que não podem ser exercidos condignamente. Preserve, pois, a autoridade que lhe cabe para cumprir com a substância de suas obrigações; não extorqui-la, mas sim promovê-la; e todos que se jactam muito de seus cargos mostram que não os mereciam e que sua dignidade lhes é apenas sobreposta. Portanto, quem quiser impor-se faça-o pela excelência de seus talentos e não por atributos casuais, pois mesmo um rei deveria ser honrado mais por suas qualidades pessoais que pelo seu poder extrínseco.

A humildade, como expressou André Comte-Sponville,

não é a depreciação de si, ou uma depreciação sem falsa apreciação. Não é ignorância do que somos, mas, ao contrário, conhecimento, ou reconhecimento, de tudo o que não somos. É seu limite, pois se refere a um nada. Mas é nisso, também, que ela é humana: tão sábio quanto quiser, mas enfim é um homem.[2]

O profissional arrogante tem características de personalidade muito semelhantes às dos profissionais narcisistas, histriônicos e egocêntricos. Ele geralmente usa as seguintes estratégias:

- Chama a atenção das pessoas, principalmente em público. Ele não suporta aquelas situações em que não é o alvo das atenções.
- Dramatiza a manifestação de suas emoções, que variam de acordo com o seu momentâneo estado de espírito.
- Fala e discursa com empáfia. Adora os chavões, principalmente em inglês.
- Procura desvalorizar conscientemente as pessoas à sua volta.
- Acredita ser excepcional e superior aos outros em tudo o que diz ou faz.
- Fica fora de si e tomado de ira ao não conquistar os privilégios que esperava obter, mesmo que em detrimento dos outros.

Ah!, como seria bom para nossas empresas e colaboradores se esses profissionais "seguros, vaidosos, valentes e superiores" pudessem refletir sobre as palavras de Paul Orfale, disléxico, empresário bem-sucedido, fundador e ex-CEO da Kinko, quando afirmou:

> Viver sozinho não é a melhor escolha da vida, é impossível nós não precisarmos de outras pessoas, nós precisamos saber como conversar, argumentar e abordá-las. Todos nós necessitamos de um empurrão. É difícil pensar que seres humanos esqueçam esse fato, especialmente aqueles considerados os melhores.

Em outro trecho de seu livro escreveu:

> Muitas pessoas pensam que podem viver sozinhas, porém eu descobri que a melhor maneira de viver a vida é compartilhar as tristezas

e as alegrias com outras pessoas. Meu mantra tem sido: qualquer pessoa pode fazer melhor.[3]

Caro leitor, se você se deparar com esse tipo de profissional, não se desespere. O melhor mesmo é aprender com seu estilo arrogante e não repeti-lo quando assumir uma posição de poder e comando. As recomendações a seguir devem ser usadas com sabedoria e após profunda reflexão. Lembre-se de que cada pessoa é única, e a circunstância específica vivenciada por ela também é típica e diferente. Afinal, não há um mapa que, se seguido religiosamente, o guiará e o protegerá em período de grandes tempestades. Fuja daqueles consultores que lhe apresentam fórmulas milagrosas. O milagre acontece apenas para eles: no bolso, na carteira e na conta bancária. Não se deixe iludir.

Você deve estar preparado para agir quando enfrentar alguém com esse tipo de personalidade. Eis algumas dicas:

- Diante de uma crise de cólera de seu chefe imediato ou de qualquer outra pessoa da organização, não perca a cabeça e não retribua com a mesma moeda, mesmo que seja esse o seu desejo.
- Aprenda a se adaptar a todos os estilos gerenciais, mas não se esqueça de se inspirar nos melhores. Isso não significa que tenha de abdicar de sua personalidade e valores. Ao contrário. Sagaz, Proteu disse: "Sábio com o sábio e santo com o santo." Não se torne uma pessoa intratável à medida que sobe na escada corporativa. Lembre-se de que ela pode partir ao meio quando você estiver no meio da escalada. Já vi muitos desses senhores caírem e não se levantarem mais. Aqui valem as palavras de Baltasar Gracián:

  > É preciso ver um desses monstros intratáveis em ação, sempre prontos a desandar em sua ferocidade impertinente: os que têm o infortúnio de ser seus dependentes vão falar com eles como se fossem lidar com tigres ferozes, armados tanto de cautela quanto de receio. Para galgar sua posição agradaram a todos, e agora, firmados nela, querem ressarcir-se, a todos maltratando. Tendo por obrigação atender a muitos, atendem a ninguém, por sua presunção ou aspereza.[4]

- Saiba se manter distante das garras venenosas desses profissionais. Saber usar a cautela nesses momentos é prova absoluta de sua mais perfeita sensatez e equilíbrio emocional. Contudo, não se mantenha completa e permanentemente isolado.

A sabedoria política ensina que você deve se manter suficientemente distante para não se queimar e suficientemente perto para não congelar. Além disso, nunca empregue a força mental desnecessariamente. Você necessitará dela para momentos mais relevantes de sua carreira. Há situações que requerem flexibilidade e poder de adaptação. Mas há também as que exigem firmeza e coerência. Um homem de bem se guia por valores e princípios, e não por vantagens e benefícios materiais e transitórios. No Livro dos Provérbios há inúmeros exemplos de sabedoria, equilíbrio e maturidade:

> Não tenhas inveja dos malvados nem desejes estar com eles, pois sua mente planeja roubos e seus lábios proferem coisas perniciosas. Com a sabedoria constrói-se a casa e com a prudência ela se consolida. Com a instrução se enchem os celeiros de toda sorte de bens, preciosos e belos. Quem é sábio é forte; a pessoa instruída tem o vigor redobrado.[5]

O mundo em que vivemos é pródigo em exemplos que tanto enaltecem a dignidade de homens e mulheres que pautam sua conduta pública e familiar por princípios e critérios éticos consolidados. Um sábio persa, em 600 a.C., afirmou: "Quatro coisas não voltam: a flecha que parte, a água que passa, a palavra pronunciada e a oportunidade perdida."

A vida é um aprendizado permanente. Cada dia representa uma nova oportunidade de crescimento, de realização, de conhecimento, de fazer o bem e de dar um passo à frente. Apesar dos pesares, aqueles que têm fé e fundamentam a própria vida em bases sólidas precisam prosseguir e não perder a oportunidade de fazer a sua parte. Com otimismo e bom humor. Sem vaidade e arrogância.

17

ESTEJA AO LADO DOS MAIS COMPETITIVOS

Vocês perguntam qual é a nossa política. Eu lhes digo: é combater no mar, na terra e no ar, com todo o nosso poder e com toda a força que Deus possa dar-nos. Vocês perguntam: qual é o nosso objetivo? Posso responder com uma única palavra: vitória – a vitória a todo custo, a vitória a despeito de todo o terror; a vitória, por mais longa e árdua que seja a estrada, pois sem a vitória não há sobrevivência. Neste momento, sinto-me no direito de pleitear a ajuda de todos e de dizer: venham, vamos avançar juntos, com a união de nossas forças.[1]

WINSTON S. CHURCHILL (1874-1965),
MEMOIRS OF THE SECOND WORLD WAR, 1959.

QUANDO UM PROFISSIONAL CONQUISTA UM NOVO EMPREGO, ele tem de ter em mente que está apenas começando nova etapa de vida. Nesse momento, o relógio de sua carreira é literalmente zerado. Como em qualquer tipo de competição, nenhuma disputa é igual à outra, pois o jogo muda a cada instante. É preciso agir com sabedoria. Richard Sennett,[2] professor de Sociologia da London School of Economic e do Massachusetts Institute of Technology (MIT), em seu trabalho *The Culture of the New Capitalism* oferece uma visão bem realista dos diferentes tipos de desafios que certamente você haverá de encontrar.

O primeiro refere-se ao tempo: como cuidar de relações de curto prazo e de si mesmo, e ao mesmo tempo estar sempre migrando de uma tarefa para outra, de um emprego para outro. Quando as instituições já não proporcionam um contexto de longo prazo, você pode ser obrigado a improvisar a narrativa de sua própria vida, e mesmo a se virar sem um sentimento constante de si mesmo.

O segundo diz respeito ao talento: como desenvolver novas capacitações e descobrir capacidades potenciais à medida que vão mudando as exigências da realidade? Em termos práticos, na economia moderna a vida útil de muitas capacitações é curta. Os profissionais precisam se reciclar diariamente. A cultura moderna propõe um conceito de meritocracia que abre espaço para as habilidades potenciais e não para as realizações passadas.

O terceiro está justamente relacionado com a capacidade de abrir mão do passado e permitir que ele fique para trás e seja usado apenas como referência. Para isso é necessário um traço de caráter específico, uma personalidade disposta a descartar as experiências já vivenciadas.

O profissional verdadeiramente competitivo nessa nova realidade de mercado é o que se diferencia de todos os outros ao seu redor. Ele tem novas ideias e sabe visualizar abordagens criativas, tanto para velhos problemas como para novos. Ele tem, ainda, a habilidade e a vontade de pensar e agir por si mesmo, sem se importar se for censurado ou ridicularizado pela maioria por suas ideias e ações não conformistas. Os profissionais que deixarão suas marcas no comércio e na indústria, nas instituições financeiras e nas universidades, na política e na economia, no esporte e em qualquer outro campo da atividade humana são aqueles que pensam e agem diferente e corajosamente. Eles nunca estão satisfeitos com o que empreenderam. Eles querem sempre mais e nunca aceitam o segundo lugar.

Um bom exemplo de espírito competitivo pode ser extraído da vida de um dos mais admirados executivos do final do século XX e início do século XXI, Jach Welch, ex-CEO da General Electric. São dele as palavras:

> Consegui meu PhD em três anos, mais rápido do que a maioria. Em geral, o aluno de pós-graduação típico demora de quatro a cinco anos para obter o PhD. Eu não era de modo algum o gênio residente do programa. Para cumprir a exigência de dois idiomas estrangeiros, estudei francês e alemão dia e noite por três meses consecutivos durante o verão.

E, em outro trecho de seu livro, escreveu:

> Quando fui embora de Illinois, em 1960, já havia chegado a uma conclusão quanto aos meus gostos e preferências, e quanto ao que queria fazer; igualmente importante, também já sabia em quê não era bom. Minhas habilidades técnicas eram muito boas, mas eu não era, de modo algum, o melhor cientista. Em comparação com muitos de meus colegas de turma eu era extrovertido, alguém que gostava de pessoas, mais do que de livros, e de esportes, mais do que de avanços científicos. Achei que essas habilidades e interesses eram mais compatíveis com uma atividade que servisse de ponte entre o laboratório e o mundo comercial. O que eu queria era tornar-me algo diferente da maioria dos PhDs.[3]

Creio que você tem também guardado na memória inúmeras histórias de profissionais extremamente competitivos. É bem provável que tenha trabalhado com um ou vários deles, quer como par quer como subordinado. E o que os distingue daqueles que vivem perambulando pelos corredores de empresas e reclamando de pessoas e circunstâncias que tornaram miseráveis suas vidas? O profissional supercompetitivo tem características pessoais bem distintas:

1. Ele nunca aceita um não como resposta. Em sua mente não existem coisas impossíveis como "não dá para fazer", "alguém já tentou fazer isso ou aquilo, várias vezes, e não conseguiu", "o cliente não vai aceitar essa mudança", "o prazo é muito curto, nós não vamos conseguir entregar no tempo prometido" etc. Tudo é possível, desde que se trabalhe com disciplina, determinação, foco e paixão.
2. Ele nunca recua diante do perigo – uma das características mais importantes de sua personalidade é a coragem. E essa coragem tem dois traços importantes: a capacidade de superar o medo e de enfrentar os maiores perigos e riscos; e o poder de suportar os sofrimentos e de mostrar paciência e firmeza durante as adversidades.
3. Ele jamais olha para o passado, exceto para extrair lições e experiências a fim de não repetir erros cometidos. O profissional supercompetitivo está sempre de olhos abertos e fixos no futuro. Ele não deseja ser pego de surpresa. Sabe que precisa se manter atento o tempo todo. Ele é adepto da expressão paulina: "Tomai toda a armadura, para que possais resistir no dia da adversidade e, havendo feito tudo, ficar firme."
4. Ele avalia criteriosa e sabiamente cada movimento no ambiente de trabalho, a fim de determinar quais são as suas verdadeiras chances de sucesso. Cede quando tem de ceder. Avança quando precisa avançar. Recua quando é necessário recuar. Mas, logo a seguir, avança com a velocidade de uma bala para surpresa de muitos.
5. Ele não desperdiça esforços e energia. Concentra-se em uma única atividade e se atém a ela até o fim ou até sua experiência mostrar que deve desistir dela. Continuar batendo no prego acabará fazendo com que ele penetre na madeira dura. Sua concentração o capacita a realizar mais do que os outros. Em tudo o que faz se dedica de corpo e alma.

6. Nada o irrita mais do que um profissional medíocre, medroso, incolor e sem opinião própria. Infelizmente, nossas empresas estão cheias deles. É só prestar atenção em momentos de mudanças. Eles fazem de tudo para não aparecer, para não chamar a atenção, para não ser questionados e, sobretudo, para não receber novas atribuições.
7. Ele trabalha em alto ritmo de velocidade. Tudo o que faz ou solicita é para ontem. Está sempre com pressa.

Caro leitor, você vai fatalmente encontrar ao longo da carreira e do trabalho recém-assumido esse tipo de profissional supercompetitivo, inteligente, determinado, ágil no pensar e no agir, concentrado, disciplinado, extremamente exigente, que valoriza o mérito pessoal e, muitas vezes, atropela inocentes em sua busca frenética por resultados. Nessa situação, que comportamento adotar, a fim de alavancar sua carreira em nova empresa? Minhas sugestões são as seguintes:

- Aprenda com ele. Observe e estude seu comportamento, reflita sobre sua postura, maneira de falar, questionar, responder e forma de agir em qualquer situação. Não cultive a aversão às conquistas e ao sucesso dos que atingem metas ambiciosas. Os medíocres não acrescentam nada à sua vida e carreira.
- Adote-o como mentor particular. Eu dedico grande parte de meu tempo ao estudo de biografias de homens e mulheres dos mais distintos campos do conhecimento humano. Confesso que, cada vez que leio uma nova biografia, sinto que cresço em tudo, inclusive no espírito. Que tal adotar esse hábito?
- Se você deseja ser reconhecido pelo profissional supercompetitivo que o lidera, comece a se destacar no meio de uma multidão de colaboradores cinzentos. Realize seu trabalho com excelência e, se tiver tempo disponível, pergunte em que mais você pode ser útil. Lembre-se ainda de que, qualquer coisa que faça para se sentir bem consigo mesmo, poderá também trazer à tona a aprovação e o reconhecimento de outros. Por outro lado, saiba que a opinião dos outros em relação a você importa até certo ponto, mesmo que

você esteja certo e todos os outros errados. Van Gogh, por exemplo, não mudou seu estilo para agradar aos outros. Hoje existe um deslumbrante museu dedicado exclusivamente à sua obra. Ele não viveu para desfrutar da fama e da fortuna, já que seu talento só foi reconhecido após sua morte. Vá à luta com coragem e determinação e se torne um profissional supercompetitivo pela excelência de suas ações.

- Cultive um espírito competitivo em tudo o que faz. Demonstre criatividade, energia, autoconfiança, vitalidade, garra, paixão e coragem. Não se apequene ou se acovarde.
- A vida e a carreira nada mais são do que um grande jogo. E nesse jogo sempre vencem os melhores, os mais preparados, comprometidos, disciplinados e que se adaptam com maior facilidade aos novos tempos e a suas exigências. Escolha o seu próprio caminho e decida se deseja fazer parte do exército dos vencedores ou dos perdedores. Essa é uma escolha que ninguém pode fazer por você.
- Nesse amedrontador e disputado campeonato de vaidades e egos agigantados, não se esqueça de viver a vida em sua total plenitude. Reflita sobre a frase que está na parede do escritório do bem-sucedido empresário brasileiro Abílio Diniz: "O desafio de correr não é querer realizar coisas que ninguém jamais fez antes; mas, sim, continuar a fazer coisas que qualquer um pode fazer, mas que a maioria jamais fará."[4]

18

FORME UMA EQUIPE CAPACITADA

As pessoas são importantes. Uma empresa não é nada mais que a energia e a capacidade coletiva de seus funcionários. A ideia de que poucos indivíduos possam construir um grande negócio sozinhos, através de uma ou duas decisões estratégicas inteligentes, ou então através de fusões e aquisições, é absurda. No longo prazo, a capacidade, a determinação e a motivação dos funcionários sempre será a chave. A sabedoria coletiva é essencial.[1]

KONOSUKE MATSUSHITA, *MATSUSHITA LEADERSHIP*, 1997

FORME UMA EQUIPE CAPACITADA

AS EMPRESAS NÃO COSTUMAM SER PACIENTES PARA QUE um funcionário recém-contratado comece a apresentar bons resultados e dizer a que veio. A fase de adaptação está se tornando pura ficção. Você precisa entrar no time e já sair jogando. O máximo que as empresas estão dispostas a esperar por resultados são 100 dias. Além disso, um desafio incomparável devido à sua complexidade é a avaliação, a formação e o desenvolvimento de sua equipe de trabalho. Essa é uma tarefa, verdadeiramente, crítica e urgente.

Seu sucesso no novo emprego dependerá em grande parte da escolha sábia e prudente das pessoas da sua equipe. Não importa os MBAs que puder atrair para sua equipe, as estratégias inteligentes e sofisticadas que puder desenvolver, os recursos tecnológicos que puder comprar, os programas de motivação e de treinamento que puder oferecer e os recursos. Eles nada valerão se você não for capaz de formar uma equipe forte com profissionais íntegros, inteligentes, comprometidos, otimistas, corajosos, flexíveis e criativos. Além disso, eles devem ser capazes de ver além das fronteiras departamentais.

Uma das mais notáveis demonstrações dessa verdade foi a súbita queda de Carly Fiorina, ex-CEO da Hewlett-Packard em 2005. Apesar de sua reputação de grande comunicadora, ela subestimou o grau de insatisfação de seus liderados, perdeu alguns dos melhores cérebros da empresa para seus mais ferozes concorrentes e não foi capaz de formar uma equipe coesa, suficientemente forte para lhe assegurar sustentação em uma fase empresarial extremamente conturbada – a da aquisição e integração da Compac. Isso sem falar da queda vertiginosa de 57% das ações da empresa durante sua gestão.

O Brasil também tem os seus casos de fracasso nessa área. Em meados de 2004, tomei conhecimento da demissão de uma conhecida executiva brasileira. Motivo: ao chegar à nova empresa, começou a demitir as pessoas sem receio ou compaixão, antes mesmo de avaliar e conhecê-las em profundidade. Dizem as más línguas que correu muito sangue pelos corredores da organização. Ela estabeleceu como princípio para a escolha dos integrantes de sua equipe um critério subjetivo e parcial: "A prata da casa não tem nenhum valor", disse. "Portanto, é plenamente dispensável. É preciso recrutar jovens com MBA, inglês fluente, exposição internacional, entre outras exigências."

Além disso, seu estilo gerencial tinha a marca da truculência e da insensibilidade. Todas as pessoas ao seu redor eram consideradas por ela incompetentes, despreparadas e medíocres. Ela sabia tudo, podia tudo e fazia tudo. Humilhava os funcionários sem nenhuma reserva ou cerimônia. Uma de suas funcionárias conta que a executiva lhe perguntou quais eram seus planos de permanência na empresa. Surpresa com a pergunta, a subordinada respondeu que pretendia permanecer na empresa por muito tempo. Diante da resposta, sua superiora reagiu sem pestanejar: "Se você deseja, de fato, permanecer por mais tempo na empresa é melhor correr para uma academia e perder 30 quilos imediatamente. Caso contrário, será demitida." Nessa atmosfera, como era de se esperar, o clima interno ficou insustentável, caótico e intolerável. Mas, para alívio de muitos, sua demissão foi decretada pelo presidente corporativo, que logo percebeu que havia contratado a pessoa errada para uma posição tão importante.

Há outros que, ao formar suas equipes, enfatizam apenas as credenciais acadêmicas, como se elas fossem fatores únicos e determinantes do sucesso profissional. Vale lembrar as palavras de Arnoud de Meyer, citadas pelo renomado professor Henry Mintzberg: "O grau de MBA não é uma varinha mágica que transforma alunos recém-bacharéis, imaturos e sem experiência em gerentes licenciados."[2] Ou, ainda, destacar o comentário de J. Sterling Livingston, no artigo "The Myth of the Well-Educated Manager":

> Os programas formais de educação em administração tipicamente enfatizam o desenvolvimento das habilidades de resolução de problemas e de tomada de decisões... mas dão pouca atenção ao desenvolvimento das habilidades exigidas para identificar os problemas que necessitam ser resolvidos, para planejar a obtenção dos resultados desejados ou colocar em prática planos operacionais tão logo eles estejam prontos.

Existem outros que procuram se cercar de amigos e antigos colaboradores, atraindo-os para a nova empresa. Há casos conhecidos de executivos que chegam a convidar todos os seus antigos subordinados da noite para o dia, deixando o antigo empregador numa situação bastante delicada. Não há nada de errado, em princípio, em se valer de amigos e antigos colaboradores. O perigo reside quando eles não falam abertamente a verdade sobre o que ocorre em sua área de trabalho com medo de magoar o chefe de que tanto gostam. Além disso, muitos deles chegam à nova empresa sem nenhuma reflexão profunda sobre a empresa, os novos desafios que enfrentarão, os problemas que terão de solucionar, os melindres políticos que os esperam e os benefícios inerentes à própria carreira. O único critério usado para a definição do novo passo se apoia em um fator primário – o da amizade. Essa é uma forma de condução da carreira profissional que revela pouca inteligência. Cuidado! Se o seu amigo cair, você cairá junto.

A sabedoria política ensina os seguintes aspectos:

- "Evite seguir as pegadas de um grande homem. O que acontece primeiro sempre parece melhor e mais original do que o que vem depois. Se você substituir um grande homem ou tiver pai famoso, terá de fazer o dobro do que eles fizeram para brilhar mais do que eles. Não fique perdido na sombra deles ou preso a um passado que não foi obra sua: estabeleça o seu próprio nome e identidade mudando de curso. Conquiste o poder com a sua própria luz."
- "Não confie demais nos amigos, aprenda a usar os inimigos. Cautela com os amigos – eles o trairão mais rapidamente, pois são com mais facilidade levados à inveja. Eles também se tornam mimados e tirânicos. Mas contrate um ex-inimigo e ele lhe será mais fiel do que um amigo porque tem mais a provar. De fato, você tem mais o que temer por parte dos amigos do que dos inimigos. Se você não tem inimigos, descubra um jeito de tê-los."[3]

Eu tenho assessorado inúmeros profissionais em processo de *outplacement* cuja carreira foi interrompida de forma inesperada simplesmente porque toleraram a incompetência de amigos e protegidos. Nesse momento, costumo lembrar-lhes: cerquem-se de pessoas que pensam diferentemente de vocês. A conformidade é burra. E, aí, complemento com as palavras do empresário norte-americano J. Paul Getty: "Nos negócios, a mística do conformismo está exaurindo a individualidade dinâmica, que é a qualidade mais inestimável que um executivo pode ter. Quando seres humanos capitulam de sua individualidade e identidade por sua própria vontade, também estão renunciando à sua reivindicação de seres humanos."[4]

A importância da formação de equipes de trabalho tem sido realçada em diferentes campos de trabalho. Temos observado que profissionais genuinamente vencedores costumam dar grande importância a esse aspecto quando definem suas responsabilidades e tarefas. Foi o caso de Ferenc Puskas, húngaro de origem e um dos maiores jogadores de futebol do século XX. Rogan Taylor e Klara Jamrich, no livro *Puskas on Puskas – The Life and Times of a Footballing Legend*, registram uma de suas mais célebres observações: "Não é o técnico que carrega o fardo, e sim os jogadores. O técnico pode influir no ânimo, conversar durante o jogo, estimular e explicar, mas no fim são os jogadores que têm de resolver os verdadeiros problemas em campo."[5]

Charles M. Schwab, um dos mais notáveis executivos da América do Norte, expressou visão semelhante quando, em discurso a alunos da Universidade de Princeton, disse:

> Todo esse falatório sobre supergênios é a mais pura besteira. Descobri que, quando as estrelas vão embora, raramente seus departamentos sofrem. E seus sucessores são apenas homens que aprenderam, pela dedicação e pela autodisciplina, a obter produção a todo vapor de um cérebro normal, comum. Os 15 homens diretamente responsáveis pelas fábricas foram escolhidos não por causa de um lampejo de genialidade, mas porque, dia após dia, fizeram pequenas coisas inusitadas – pensar além das suas funções.[6]

Portanto, quando ingressar numa nova empresa e for montar uma equipe vencedora, atente para as seguintes recomendações:

- Antes de verbalizar sua opinião em público a respeito dos subordinados herdados converse individualmente com cada membro de sua equipe a fim de conhecê-los em profundidade. Não avalie as pessoas apenas pela aparência ou por informações colhidas de terceiros, pois eles podem estar errados e, consequentemente, induzi-lo ao erro. Muitos talentos são desperdiçados em diferentes organizações simplesmente porque não dedicamos tempo suficiente para descobri-los e desenvolvê-los. Não caia nessa armadilha. Sam Walton, fundador e ex-CEO do Wal-Mart, aconselhava:

    > Comunique tudo o que você puder aos seus parceiros. Quanto mais souberem, mais compreenderão. Quanto mais compreenderem, mais se importarão. Assim que começarem a se importar, não haverá como detê-los. Se você não confia nos seus associados para informá-los do que se passa, eles saberão que você não os considera realmente parceiros. Informação é poder, e o que você ganha ao confiar nos seus associados mais do que compensa o risco de informar a concorrência.[7]

- Se a demissão de membros da equipe herdada for verdadeiramente necessária, remova-os com dignidade e ofereça-lhes um programa *outplacement* para que possa se recolocar no mercado. Em determinadas circunstâncias, é importante conversar com outras áreas na organização para explorar outras alternativas à demissão, como *job rotation*, transferência para outro departamento ou unidade de negócio ou alocação temporária a outras atribuições em caráter experimental (período de *probation*), a fim de tentar a recuperação de seu desempenho, motivação, nível de comprometimento, atualização, enriquecimento gerencial etc.
- Após criteriosa avaliação individual, cuide com grande interesse dos que ficaram. Ofereça a eles novos desafios. Motive-os diariamente com seu exemplo. Escute-os com genuíno interesse. Celebre seus sucessos e procure extrair dividendos de seus fracassos. Os erros superados são fonte de aprendizado. Elogie-os em público. Dê a eles todo crédito quando um trabalho for benfeito. Como dizia Sam Walton: "Relaxe, e todos ao seu redor relaxarão. Divirta-se. Mostre

entusiasmo – sempre. Quando tudo o mais falhar, vista uma fantasia e cantarole uma canção tola. Então, faça que todos cantem com você."[8] O mais interessante, a fim de cumprir compromisso com seus colaboradores, vestiu-se de bailarina e dançou em Wall Street em pleno meio-dia.

- Se for necessário ir ao mercado de trabalho em busca de novos talentos, lembre-se de que seu sucesso dependerá do calibre dos profissionais que souber atrair, manter, motivar, desenvolver e remunerar. Selecionar pessoas não é simplesmente preencher quadrinhos em organogramas. Isso exige responsabilidade em relação ao presente e ao futuro da organização e dos indivíduos, e vale até mesmo na hora de contratar um presidente, por exemplo. Sempre que for recrutar, pergunte a si mesmo: "Esse candidato tem pinta de presidente ou, pelo menos, potencial para uma posição acima da prevista?" Se ele não tiver, não desperdice o seu tempo. A Southwest Airlines é uma das mais admiradas empresas dos Estados Unidos. O seu modelo na contratação de profissionais pode nos ensinar e orientar nesse momento:

> Uma coisa que sempre procuramos é gente que seja orientada para o trabalho em equipe através de experiências anteriores (...) nós pedimos para eles escolherem um incidente do trabalho anterior e detalhá-lo para nós. Eles se limitam à função ou costumam ir além? Nós não olhamos apenas para o histórico de trabalho. Nós já rejeitamos pessoas com 15, 16 anos de experiência em companhias aéreas, em favor de gente sem nenhuma. O conceito de trabalho em equipe é difícil. Você não sabe realmente se a pessoa será capaz de transcender suas responsabilidades primárias e fazer outras coisas. Nós gostamos de gente que vai sempre além.

Mais à frente ele diz:

> Nós gastamos mais dinheiro em recrutamento e treinamento que qualquer outra companhia aérea. Nós nos esforçamos para achar as pessoas certas para recrutar, em todos os níveis da organização... Nós acreditamos mesmo no conceito da maçã podre que estraga as

outras. Isso é uma religião por aqui. Como resultado, nossa rotatividade é muito menor que o de outras companhias aéreas.[9]

- Procure profissionais que podem complementar e não, simplesmente, suplementar seu conhecimento e experiência. Os primeiros, inevitavelmente, agregarão valor. Os segundos serão meros repetidores de textos já conhecidos. Lembre-se disso ao recrutar pessoas. É comum os executivos recrutarem pessoas que são cópias de carbono de sua personalidade. Esse é um erro grave. O líder excepcional é aquele que incentiva a multiplicidade de conhecimento e valoriza a diversidade de experiências. Um caso clássico dessa realidade: há profissionais que somente recrutam pessoas da universidade em que se formaram. E o que eles obtêm como resposta? A mesma orientação em termos de administração de negócios. Os mesmos professores. Os mesmos livros de estudo ou consulta. Os mesmos famosos e conhecidos "estudos de caso". Eles não se diferenciam em nada. Jeff Immett, CEO da General Electric, afirma que ao recrutar novos colaboradores procura por indivíduos que possam complementar, e não suplementar, seus pontos fortes e vulnerabilidades. Em suas próprias palavras: "Eu quero complementar pontos fortes. Você colhe o melhor de cada colaborador quando se certifica de que não está obtendo repetição."[10]

Eu espero, um dia, ver sentado ao redor da mesma mesa de trabalho em nossas organizações, juntamente com seus administradores e economistas, teólogos, antropólogos, filósofos e sociólogos. Creio que todos, indistintamente, poderiam se beneficiar tremendamente dessa combinação de saberes.

Ao se cercar dos melhores e mais talentosos profissionais, você não precisa, necessariamente, levar os antigos e leais colaboradores para a guilhotina. Cobre deles bom desempenho, resultado e atitude positiva diante das mudanças e do novo. Por outro lado, remova de sua equipe aqueles que farão de tudo para que as mudanças não sejam realizadas com sucesso. Mantê-los movido por um sentimento de piedade é a pior coisa que você pode fazer.

19
COMUNIQUE-SE COM TODOS

Dentre os homens do mundo, não se encontram dois que tenham espírito completamente similar. Por isso, quem tiver de se habituar a conversar com tanta gente, deve se orientar por seu próprio juízo e, conhecendo as diferenças de um e de outro, troque de estilo e maneiras a cada dia, conforme a natureza daqueles com quem se disponha a dialogar.[1]

BALDASSARE CASTIGLIONE (1478-1529), *O CORTESÃO*, P. 102.

NO COMPLEXO, CAÓTICO E IMPREVISÍVEL MUNDO MODERNO das organizações, a capacidade de comunicação do profissional com os mais variados níveis hierárquicos é muito importante. Estudiosos do comportamento, pesquisadores, empresários e executivos de sucesso afirmam que os indivíduos que se comunicam claramente tendem a ser mais eficazes e mais valorizados em empresas ou instituições do que aqueles que não o fazem. Sabe-se que os grandes líderes da história da humanidade – religiosos, políticos, militares, empresários e executivos – usaram a comunicação de forma eficiente para criar uma visão diferenciada daquela que predominava em seus dias.

Cristo pregava uma visão escatológica da sociedade – a redenção dos homens e uma vida futura livre dos aborrecimentos e vicissitudes da vida terrena. Martin Luther King Jr.[2] discursava sobre seu sonho de um dia ver brancos e negros sentados à mesma mesa, unidos por um real sentimento de fraternidade e amizade – *brotherhood*. Gandhi,[3] o apóstolo da não violência, falava sobre a libertação da Índia do Império Britânico. Ele acreditava no diálogo e no entendimento. Já Henry Ford[4] prometia colocar o mundo sobre quatro rodas. Steve Jobs,[5] fundador da Apple Computer, afirmava, em passado recente, que colocaria um computador em cada casa. Howard Schultz,[6] fundador e CEO da Starbucks, afirmava em 1987 que transformaria o ato de tomar café em algo prazeroso. A força de sua comunicação se transformou em pouco tempo num império de cinco bilhões de dólares e mais de 15.000 lojas ao redor do mundo. Como você pode ver, amigo leitor, não faltam exemplos.

Ao longo de minhas atividades como consultor, tenho assessorado centenas de profissionais que não se tornaram bons comunicadores e, por isso mesmo, enfrentaram dificuldades em suas carreiras. A história teria sido diferente se tivessem prestado mais atenção à comunicação verbal e não verbal.

Recentemente assessorei um profissional cujo perfil sugeria um futuro promissor. Excelente apresentação pessoal e formação acadêmica, exposto a diferentes culturas e ambientes empresariais, fluente em quatro idiomas, entre outras qualificações. Contudo, era incapaz de permanecer por muito tempo numa empresa. Motivo alegado por seus ex-empregadores: sua crônica incapacidade de se comunicar de forma adulta e equilibrada com seus subordinados, pares e superiores. Ele mais parecia um trator de esteira do que um líder. Não conseguia articular ideias conflitantes de seus subordinados nem harmonizar os indivíduos em torno de objetivos comuns. Sua comunicação era truculenta, e costumeiramente desprezava aqueles que expressavam ideias diferentes das suas.

Houve também um profissional que trabalhava numa grande multinacional e que demonstrava insegurança em relação ao futuro de sua carreira. Recém-promovido à nova posição, foi surpreendido com uma avaliação de desempenho nada satisfatória, a despeito dos excelentes resultados obtidos na posição anterior. O ponto fraco destacado pelo seu superior no documento era a comunicação verbal e, principalmente, a não verbal. Ele não estava liderando, inspirando e motivando as pessoas envolvidas em projeto vital para os negócios. A impressão que transmitia era a de um profissional insatisfeito, apático, inseguro, desinteressado e sem foco definido. Na expressão de seu superior: "Você não demonstra tesão pelo que faz."

O seu sucesso profissional depende da capacidade de sair da zona de conforto e se comprometer verdadeiramente com a implementação das mudanças exigidas pela empresa de forma global. Esse é um quesito inegociável. Portanto, a comunicação com todos na empresa é a prioridade das prioridades. Fracassar nesse quesito significa colocar em risco, a curtíssimo prazo, a própria carreira.

Já que a comunicação é tão importante para o sucesso da carreira profissional, sugiro para sua reflexão alguns pontos que se consideram relevantes:

- Escute mais e fale menos. Há inúmeros provérbios populares que sugerem tal comportamento: "Em boca fechada, não entra mosca", "o silêncio é ouro", "Deus deu ao homem dois ouvidos e uma boca". Portanto, use-os proporcionalmente. A sabedoria judaica adverte homens e mulheres nesse mesmo sentido: "A boca do justo produz sabedoria em abundância, mas a língua da perversidade será desarraigada. Os lábios do justo sabem o que agrada, mas a boca dos ímpios anda cheia de perversidades."[7]

- Nunca finja ou procure esconder os problemas ou as más notícias. Você não conseguirá mantê-las sob o tapete por muito tempo. Lembre-se das palavras de Cristo: "Cuidado com o fermento dos fariseus, que é a hipocrisia. Não há nada de oculto que não venha a ser revelado, não há nada de escondido que não venha a ser conhecido" (Lucas 12, 1-2).[8] Howard Guttman, renomado executivo norte-americano, sugere que você informe seu chefe sobre eventuais problemas ou más notícias dentro do prazo limite de 24 horas. Tal postura contribuirá para que cada indivíduo sob sua liderança não tema transmitir más notícias quando elas ocorrerem.[9]

- Promova semanalmente reuniões formais a fim de ouvir as sugestões de seus colaboradores e transmitir sua visão sobre os negócios – oportunidades, ameaças, mudanças etc. Eles têm muito a lhe ensinar e também a aprender com você. Não subestime suas ideias. Elas também são importantes. Lembre-se das palavras de Charles Brower, citado em www.greeleafenterprises.com/quotes/s.html: "Uma ideia nova é delicada. Pode ser morta por um sorriso escarninho ou um bocejo; pode ser apunhalada por uma piada ou atormentada por um cenho na sobrancelha da pessoa certa." Ou, ainda, das palavras de Howard Thurman, em *Disciplines of the Spirit*: "A comunicação e a reconciliação levam a harmonia à vida das pessoas quando sentem e honram a necessidade de ser protegidas e compreendidas."

- Não tenha medo de solicitar feedback de seus colegas de trabalho e jamais adote uma posição defensiva. Não há aprendizado e muito menos crescimento onde não há crítica construtiva. Escute com atenção as críticas e aprenda com elas. Mantenha os ouvidos sempre abertos. O escritor russo Fiodor Dostoiévsky[10] tem um pensamento claro a respeito: "Muita infelicidade veio ao mundo devido à perplexidade e às coisas que deixaram de ser ditas."

- Ao chegar à nova empresa ou assumir uma posição, evite gerenciar acomodado em luxuosa cadeira e protegido por guardiões que o impeçam de acompanhar o que ocorre ao lado de sua sala. Esse é o pior lugar do mundo para dirigir um departamento, uma divisão ou uma grande empresa. A melhor maneira para você sentir o pulso de seu negócio é ir de andar em andar ou de sala em sala, de máquina em máquina. Conheça cada palmo de seu escritório, cada mesa, cada colaborador, cada cliente, cada fornecedor, cada credor. Reconheço que, quando você trabalha numa empresa de grande porte, essa missão não é tão simples assim. Mas não se deixe influenciar por desculpas inconsistentes. Elas favorecem o comodismo e prosperam como amortecedores da consciência, impedindo-o de fazer o que precisa ser feito e que, pela lei da inércia, você prefere não fazer.
- Jamais atire no mensageiro, como observou Paula J. Caproni: "Muitos colaboradores aprenderam por experiência que as pessoas portadoras das más notícias podem ser punidas."[11] E, mais adiante, acrescentou: "Quando alguém lhe trouxer alguma informação desagradável, passe a maior parte do tempo ouvindo, não falando."[12] Escute e faça algo sobre o que ouviu, se for necessário. A vida é um aprendizado contínuo. Erros e acertos são fontes permanentes de reflexão. Da mesma forma, boas e más notícias, bons e maus exemplos. Na escola da vida, um dos maiores desafios é se adaptar ao novo e ao diferente porque tudo está em movimento, em constante processo de transformação.

Notas

Introdução
1. Churchill, W. Discurso pronunciado na Câmara dos Comuns. Londres, 11/11/1942.
2. Bíblia Sagrada, Carta aos Coríntios. Tradução de João Ferreira de Almeida. São Paulo: Sociedade Bíblica do Brasil, 1993.
3. Macedo, Gutemberg B. *Fui demitido: e agora? A demissão não é o fim*. Malesse, 1993.
4. Walker, J.E. *The Age Advantage: Making The Most of Your Mid-Life Career Transition*. Nova York: The Berkley Publishing Group, 2000.
5. Confúcio. *The Analects of Confucius*. Nova York: Norton & Company, 1997.
6. Lenzner. *The Getty – The Life and Loves of J. Paul Getty – Richest Man in the World*. Nova York: Crown Publishers Inc., 1985.
7. Confúcio. *The Analects of Confucius*. New York: Norton & Company, 1997.
8. Confúcio. *The Analects of Confucius*. New York: Norton & Company, 1997.

Capítulo 1
1. Twain, M., Charles L. Webster & Company. *Pudd'nhead Wilson's New Calendar*, 1894.
2. Bíblia Sagrada. Carta aos Coríntios. Tradução de João Ferreira de Almeida. São Paulo: Sociedade Bíblica do Brasil, 1993.
3. Bíblia Sagrada. Livro dos Salmos. Tradução de João Ferreira de Almeida. São Paulo: Sociedade Bíblica do Brasil, 1993.
4. Lafayette, Boyé. *The Japanese Samurai Code*. Boston: Tuttle, Publising, 2004.
5. Confúcio. *The Analects of Confucius*. New York: Norton & Company, 1997.
6. Galbraith, G.S. e Galbraith O. *The Benedictine Rule of Leadership*. Adams Media Corporation, 2004.
7. *Harvard Business Review*. A Market-Driven Approach to Retaining Talent, 2000.
8. Ciampa, D. e Watkins. *Right from the Start, Taking Charge in a New Leadership Role*, 1999.
9. Johnson, M. *Winning the People Wars, Talent and the Battle for Human Capital*. Grã-Bretanha: Prentice Hall, 2000.
10. Downey, D. *Assimilating New Leaders – The Key to Executive Retention*. Nova York: Amacon, 2001.

Capítulo 2
1. Hoffman, E. *The Wisdom of Carl Jung*. Nova York: Citadell Press Books, 2003.
2. Confúcio. *The Analects of Confucius*. Nova York: Norton & Company, 1997.
3. Hoffman, E. *The Wisdom of Carl Jung*. Nova York: Citadell Press Books, 2003.
4. Maimon, M.B. Comentário da Mishna. Maayanot, 1993.
5. Cleary, T. *Classics of Strategy and Counsel*, vol. I. Boston: Shambala, 2000.
6. Hoffman, E. *The Wisdom of Carl Jung*. Nova York: Citadell Press Books, 2003.
7. Welch, Jack. *A verdade é que proteger pessoas que não se esforçam prejudica essas mesmas pessoas*.

Capítulo 3
1. Hoffman, E. *The Wisdom of Carl Jung*. Nova York: Citadell Press Books, 2003.
2. Franklin, B. *America's Original McCormick, Entrepreneur: Franklin's, Autobiography Adapted for Modern Business*. Eliot House Production, 2005.
3. Callières, F. *Como negociar com príncipes – os princípios clássicos da diplomacia e da negociação*. Rio de Janeiro: Campus/Elsevier, 2001.
4. March, T., Berkman, A. e Diana Downey. *Assimilating New Leaders – The Key to Executive Retention*. Nova York: Amacon, 2001.
5. Hoffman, E. *The Wisdom of Carl Jung*. Nova York: Citadell Press Books, 2003.

Capítulo 4
1. Greene, R. *The 48 Laws of Power*. Nova York: Penguim Group, 1998.
2. Callières, F. *On The Manner of Negotiating with Princes*. (Como Negociar com Príncipes – Os Princípios Clássicos da Diplomacia e da Negociação),??? Houghton Mifflin, 2000.
3. Bíblia Sagrada. Carta aos Romanos. Tradução de João Ferreira de Almeida. São Paulo: Sociedade Bíblica do Brasil, 1993.
4. Demitrius, J. *Reading People*. Nova York: Random House, 1998.
5. Demitrius, J. *Reading People*. Nova York: Random House, 1998.
6. Forstater, M. *The Spiritual Teachings of Marcus Aurelius*. Harper Collins, 2000.
7. Gracian, B. *Oráculo manual e arte de prudência*. São Paulo: Ahimsa, 1984.
8. Hoffman, E. *The Wisdom of Carl Jung*. New York: Citadell Press Books, 2003.
9. Demitrius, J. *Reading People*. Nova York: Random House, 1998.
10. Bíblia Sagrada. Cartas aos Gálatas. Tradução de João Ferreira de Almeida. São Paulo: Sociedade Bíblica do Brasil, 1993.
11. Bloom H. *Shakespeare – The Invention of the Human*. Nova York: Riverhead Books, 1998.
12. Aristóteles. *Ética a Nicômaco*. São Paulo: Edipro, 2002.
13. Schopenhauer, A. *Regras de conduta para o bem viver (endomenologia)*. Rio de Janeiro: Casa Editora Vecchi, 1956.

Capítulo 5
1. Schrijvers, J.P.M. *The Way of The Rat: A Survival Guide to Office Politics*, 2002.
2. Bíblica Sagrada. Livro de Gênesis. Tradução de João Ferreira de Almeida. São Paulo: Sociedade Bíblica do Brasil, 1993.
3. Reardon, K.K. *It's all Politics: Winning in a World Where Hard Work and Talent Aren't Enough*. Doubleday, 2005.
4. Reardon, K.K. *It's all Politics: Winning in a World Where Hard Work and Talent Aren't Enough*. Doubleday, 2005.
5. Reardon, K.K. *The Secret Handshake: Mastering The Politics of The Business Iuner Circle*. Doubleday, 2001.
6. Maquiavel, N. *O príncipe*. Porto Alegre: L&PM, 1998.
7. Platão. *Republic*. Wordsworth, 1997.
8. Confúcio. *The Analects of Confucius*, Nova York: Norton & Company, 1997.
9. Confúcio. *The Analects of Confucius*, Nova York: Norton & Company, 1997.
10. Plutarco. *Como distinguir o bajulador do amigo*. São Paulo: Scrinium, 1997.

Capítulo 6
1. Hume, D. *Tratado da natureza humana*. São Paulo: Unesp, 2000.
2. Hoffman, E. *The Wisdom of Carl Jung*. Nova York: Citadell Press Books, 2003.
3. Esopo. *Fábulas*. Tradução de Antônio Carlos Vianna, Porto Alegre: L&PM, 1997.
4. Lancaster, L.C. e S. David. *When Generations Collide*. Nova York: Collins Business, 2002.
5. Darwin, C. *The Origin of Species*. Nova York: Penguin Books, 1958.
6. Greene, R. *The 48 Laws of Power*. Nova York: Penguim Group, 1998.
7. Franklin, B. *America's Original McCormick, Entrepreneur: Franklin's, Autobiography Adapted for Modern Business*. Eliot House Production, 2005.
8. Franklin, B. *America's Original McCormick, Entrepreneur: Franklin's, Autobiography Adapted for Modern Business*. Eliot House Production, 2005.

Capítulo 7
1. Randall, K. *12 Truths about Surviving in the Office*. Nova York: Berkley Trade, 1997.
2. Gracián, B. *Oráculo manual e arte de prudência*. São Paulo: Ahimsa, 1984.
3. Morgan, Nick. *Working the Room – How to Move People to Action*. Boston: School Publishing, 2003.
4. Foster, L.C. *Robert Wood Johnson – The Gentleman Rebel*. Lillian Press, 1999.
5. Lee, A. *Call me Roger: Story of How Roger Smith, Chairman of General Motors Transformed the Industry Leader into a Fallen Giant*. Contemporary Book, 1988.
6. Bíblia Sagrada. Livro de Provérbios. Tradução de João Ferreira de Almeida. São Paulo: Sociedade Bíblica do Brasil, 1993.

Capítulo 8
1. Citrin, J.M. e Jeff, T. *You're in Charge – Now What? The 8 Points Plan.* Crown Business, 2005.
2. Citrin, J.M. e Jeff, T. *You're in Charge – Now What? The 8 Points Plan.* Crown Business, 2005.
3. Cohen, Allan R. e Bradford, D.L. *Influence Without Authority.* John Wiley & Sons, 1976.
4. Dubrin, A. *Winning Office Politics.* New Jersey: Prentice Hall, 1990.
5. Carnegie, D. *Como fazer amigos e influenciar pessoas.* São Paulo: Companhia Editora Nacional, 2000.
6. Foster, L.C. *Robert Wood Johnson – The Gentleman Rebel.* Lillian Press, 1999.
7. Franklin, B. *America's Original McCormick, Entrepreneur: Franklin's, Autobiography adapted for Modern Business.* Eliot House Production, 2005.
8. Callières, F. *Como negociar com príncipes – os princípios clássicos da diplomacia e da negociação.* Rio de Janeiro: Campus/Elsevier, 2001.
9. Doutrina de Buda. Buddhist Promoting Foundation Tóquio, 1996.
10. Phillips, D.T. *Lincoln on Leadership, Executive Strategies for Tough Times.* Nova York: Warner Books, 1992.

Capítulo 9
1. Krass, P. (org.) *The Book of Leadership Wisdom, Classic Writtings by Legendary Business Leaders.* Nova York: Johns Wiley & Sons, 1998.
2. Foster, L.C. *Robert Wood Johnson – The Gentleman Rebel.* Lillian Press, 1999.
3. Krass, P. (org.) *The Book of Leadership Wisdom, Classic Writtings by Legendary Business Leaders.* Nova York: Johns Wiley & Sons, 1998.
4. Krass, P. (org.) *The Book of Leadership Wisdom, Classic Writtings by Legendary Business Leaders.* Nova York: Johns Wiley & Sons, 1998.
5. Citrin, J.M. e Jeff, T. Neff. *You're in Charge Now What? The 8 Points Plan.* Nova York: Crown Business, 2005.
6. Krass, P. (org.) *The Book of Leadership Wisdom, Classic Writtings by Legendary Business Leaders.* Nova York: Johns Wiley & Sons, 1998.
7. Walton, S. e Huey, J. *Sam Walton – Made in America.* Rio de Janeiro: Campus/Elsevier, 1993.
8. Odebrecht, N. *Tecnologia empresarial Odebrecht.* Fundação Odebrecht, 1983.
9. Musil, R. *O homem sem qualidades.* Rio de Janeiro: Nova Fronteira, 2006.
10. Krass, P. (org.) *The Book of Leadership Wisdom, Classic Writtings by Legendary Business Leaders.* Nova York: Johns Wiley & Sons, 1998.
11. Krass, P. (org.) *The Book of Leadership Wisdom, Classic Writtings by Legendary Business Leaders.* Nova York: Johns Wiley & Sons, 1998.
12. Brunt, P.A. *Arrian: The Anabasis of Alexander.* Boston: Iliff Robson, 2000.

Capítulo 10
1. Powell, C. e Persico, J.E. *Minha jornada americana.* Rio de Janeiro: Best Seller, 1995.
2. Cattell, R.B., Kenny Moore e Glenn Rifkin. *The CEO and The Monk – One Company's Journey to Profit and Purpose.* John Wiley & Son, 2004.
3. Cattell, R.B., Kenny Moore e Glenn Rifkin. *The CEO and The Monk – One Company's Journey to Profit and Purpose.* John Wiley & Son, 2004.
4. Cattell, R.B., Kenny Moore e Glenn Rifkin. *The CEO and The Monk – One Company's Journey to Profit and Purpose.* John Wiley & Son, 2004.
5. Gracián, B. *Oráculo manual e arte de prudência.* São Paulo: Ahimsa, 1984.
6. Krass P. *The Book of Leadership Wisdom, Classic Writtings by Legendary Business Leaders.* Nova York: Johns Wiley & Sons, 1998.
7. Powell, C. e Persico, J.E. *Minha jornada americana.* São Paulo: Best Seller, 1995.

Capítulo 11
1. Krass, P. *The Book of Leadership Wisdom, Classic Writtings by Legendary Business Leaders.* Nova York: Johns Wiley & Sons, 1998.
2. Bíblia Sagrada. Livro de Lucas. Tradução de João Ferreira de Almeida. São Paulo: Sociedade Bíblica do Brasil, 1993.

Capítulo 12
1. Castiglione, B. *O cortesão*. São Paulo: Martins Fontes, 1997.
2. Thomas, R.R. *Beyond Race and Gender*. Nova York: Amacon, 1992.
3. March, J. *The Pursuit of Organizational Intelligence*. Oxford: Blackwell Publishing, 1999.
4. Powell, C. e Persico, J.E. *Minha jornada americana*. São Paulo: Best Seller, 1995.
5. Powell, C. e Persico, J.E. *Minha jornada americana*. São Paulo: Best Seller, 1995.
6. Gracián, B. *Oráculo manual e arte de prudência*. São Paulo: Ahimsa, 1984.
7. *Encíclicas de João Paulo II. Documentos da Igreja*. São Paulo: Paulus, 1997

Capítulo 13
1. Bernstein, C. *His Holiness: John Paul II and the Hidden History of Our Time*. Nova York: Penguin 1996.
2. Westlake, D.E. *The Ax*. Nova York: Warner Books, 1997.
3. Ingenieros, J. *O homem medíocre*. Curitiba: Livraria do Chain, 1996.
4. Bíblia Sagrada. Livro do Gênesis. Tradução de João Ferreira de Almeida. São Paulo: Sociedade Bíblica do Brasil, 1993.
5. Bíblia Sagrada. Livro de Deuteronômio. Tradução de João Ferreira de Almeida. São Paulo: Sociedade Bíblica do Brasil, 1993.
6. Aristóteles. *The Art of Rhetoric*. Londres: Penguin Books, 1991.
7. Smith, A. *The Theory of Moral Sentiments*. Nova York: Cosino, 2007.
8. Sullivan, R. *Immanuel Kant's Moral Theory*. Cambridge: Press Syndicate of The University, 1989.

Capítulo 14
1. Nair, K. *Beyond Winning: The Handbook for the Leadership Revolution*. Paradox Press, 1990.
2. Bíblia Sagrada. Livro do Êxodo. Tradução de João Ferreira de Almeida. São Paulo: Sociedade Bíblica do Brasil, 1993.
3. Bíblia Sagrada. Livro do Êxodo. Tradução de João Ferreira de Almeida. São Paulo: Sociedade Bíblica do Brasil, 1993.
4. Bíblia Sagrada. Livros de S. Mateus e S. Marcos. Tradução de João Ferreira de Almeida. São Paulo: Sociedade Bíblica do Brasil, 1993.
5. Bíblia Sagrada, Livro de S. Mateus. Tradução de João Ferreira de Almeida. São Paulo: Sociedade Bíblica do Brasil, 1993.
6. Bíblia Sagrada. Livro de S. Mateus. Tradução de João Ferreira de Almeida. São Paulo: Sociedade Bíblica do Brasil, 1993.
7. Gibbon, Edward. *O declínio e a queda do Império Romano*. São Paulo: Companhia das Letras, 2003.
8. Glater, J. "Survey Finds Frand's Reach in Big Business". *New York Times*, 2003.
9. Ribeiro, L.R.A. *Dicionário de conceitos e pensamentos de Rui Barbosa*. São Paulo: Livraria Editora, 1967.
10. Ribeiro, L.R.A. *Dicionário de conceitos e pensamentos de Rui Barbosa*. São Paulo: Livraria Editora, 1967.

Capítulo 15
1. Gracián, B. *Oráculo manual e arte de prudência*. São Paulo: Ahimsa, 1984.
2. Bíblia Sagrada. Livro dos Provérbios. Tradução de João Ferreira de Almeida. São Paulo: Sociedade Bíblica do Brasil, 1993.
3. Hobbes, T. *Leviatã*. Cambridge: Cambridge University Press, 1996.
4. Confúcio. *The Analectus of Confucius*, op. cit.
5. Keller, H. e Berger, J. *The Story of My Life*. Random House, 2004.
6. Gracián, B. *Oráculo manual e arte de prudência*. São Paulo: Ahimsa, 1984.
7. Gracián, B. *Oráculo manual e arte de prudência*. São Paulo: Ahimsa, 1984.

Capítulo 16
1. Diniz, A. *Caminhos e escolhas*. Rio de Janeiro: Campus/Elsevier, 2004.
2. Comte-Sponville, A. *A Small Treatise of the Great Virtues: The uses of philosophy in Everyday Life*. Metropolitan Books, 1996.

3. Orfale, P. e Marsh, Ann. *Anybody Else Can do it Better.*
4. Gracián, B. *Oráculo manual e arte de prudência.* São Paulo: Ahimsa, 1984.
5. Bíblia Sagrada. Livro de Provérbios. Tradução de João Ferreira de Almeida. São Paulo: Sociedade Bíblica do Brasil, 1993.

Capítulo 17
1. Churchill, W.S. *Memoirs of the Second World War.* Boston: Houghton Mifflin Company, 1959.
2. Sennett, R. *The Culture of the New Capitalism.* Yale University, 2006.
3. Welch, J. e Byrne, J.A. *Jack Straight from The Gut.* Nova York: Warner Books, 2001.
4. Diniz, A. *Caminhos e escolhas.* Rio de Janeiro: Campus/Elsevier, 2004.

Capítulo 18
1. Kotter, J.P. *Matsushita Leadership – Lessons From the 20th Century's Most Remarkable Entrepreneur.* Nova York: The Free Press, 1997.
2. Mintzberg, H. *MBA, não, obrigado. Uma visão crítica sobre a gestão e o desenvolvimento deg-Gerente.* Porto Alegre: Bookman, 2006.
3. Greene, Robert. *The 48 Laws of Power.* Nova York: Penguim Group, 1998.
4. Krass, P. *The Book of Leadership Wisdom, Classic Writtings by Legendary Business Leaders.* Nova York: Johns Wiley & Sons, 1998.
5. Taylor, R. e Jamrick, K. *Puskas on Puskas – The Life and Times of a Footballing Legend.* Robson Books, 1998.
6. Krass, P. *The Book of Leadership Wisdom, Classic Writtings by Legendary Business Leaders.* Nova York: Johns Wiley & Sons, 1998.
7. Walton, S. e Huey, J. *Sam Walton – Made in America.* Rio de Janeiro: Campus/Elsevier, 1993.
8. Walton, S. e Huey, J. *Sam Walton – Made in America.* Rio de Janeiro: Campus/Elsevier, 1993.
9. Gittell, J.H. *The Southwest Airlines Way – Using the Power of Relationships to Achieve High Performance.* Nova York, Mc Graw-Hill, 2003.
10. Magee, D. *O novo cérebro da GE – os segredos de Jeffrey Immelt para manter a GE na liderança.* Rio de Janeiro: Campus/Elsevier, 2008.

Capítulo 19
1. Castiglione, B. *O cortesão.* São Paulo: Martins Fontes, 1997.
2. Lischer, R. *The Pracker King – Martin Luther King Jr. and the Word that Moved America.* New York: Oxford University Press, 1995.
3. Erikson, E.H. *Gandhi's Truth – on the Origins of Militant Nonviolence.* Norton & Company, 1969.
4. Brinkley, D. *Wheels for the World – Henry Ford, His Company, and a Century of Progres.* Viking Penguin, 2003.
5. Young, J. e Steve Jobs. *The Journey is the Reward.* Jeffrey S. Young, 1988.
6. Schultz H. *Dedique-se de coração.* Rio de Janeiro: Campus/Elsevier, 1999.
7. Bíblia Sagrada. Livro de Provérbios. Tradução de João Ferreira de Almeida. São Paulo: Sociedade Bíblica Brasileira, 1993.
8. Bíblia Sagrada. Livro de S. Lucas. Tradução de João Ferreira de Almeida. São Paulo: Sociedade Bíblica do Brasil, 1993.
9. Hiam, A. *Making Horses Drink – How to Lead & Success in Business.* E.P. Entrepreneur, 2002.
10. Frank, J. *Dostoiévski.* São Paulo, USP, 1990.
11. Aproni, J. *Treinamento gerencial.* São Paulo: Makron Books, 2002.
12. Caproni, J. *Treinamento gerencial.* São Paulo: Makron Books, 2002.

Acreditamos que sua resposta nos ajuda a aperfeiçoar continuamente nosso trabalho para atendê-lo(la) melhor e aos outros leitores.
Por favor, preencha o formulário abaixo e envie pelos correios ou acesse www.elsevier.com.br/cartaoresposta. Agradecemos sua colaboração.

Seu nome: _____

Sexo: ☐ Feminino ☐ Masculino   CPF: _____

Endereço: _____

E-mail: _____

Curso ou Profissão: _____

Ano/Período em que estuda: _____

Livro adquirido e autor: _____

Como conheceu o livro?

☐ Mala direta   ☐ E-mail da Campus/Elsevier
☐ Recomendação de amigo   ☐ Anúncio (onde?) _____
☐ Recomendação de professor
☐ Site (qual?) _____   ☐ Resenha em jornal, revista ou blog
☐ Evento (qual?) _____   ☐ Outros (quais?) _____

Onde costuma comprar livros?

☐ Internet. Quais sites? _____
☐ Livrarias ☐ Feiras e eventos ☐ Mala direta

☐ Quero receber informações e ofertas especiais sobre livros da Campus/Elsevier e Parceiros.

Siga-nos no twitter @CampusElsevier

ELSEVIER

SAC | 0800 026 53 40
ELSEVIER | sac@elsevier.com.br

Cartão Resposta
05012 0048-7/2003-DR/RJ
Elsevier Editora Ltda
···CORREIOS···

CARTÃO RESPOSTA
Não é necessário selar

O SELO SERÁ PAGO POR
Elsevier Editora Ltda

20299-999 - Rio de Janeiro - RJ

Qual(is) o(s) conteúdo(s) de seu interesse?

Concursos
- [ ] Administração Pública e Orçamento
- [ ] Arquivologia
- [ ] Atualidades
- [ ] Ciências Exatas
- [ ] Contabilidade
- [ ] Direito e Legislação
- [ ] Economia
- [ ] Educação Física
- [ ] Engenharia
- [ ] Física
- [ ] Gestão de Pessoas
- [ ] Informática
- [ ] Língua Portuguesa
- [ ] Línguas Estrangeiras
- [ ] Saúde
- [ ] Sistema Financeiro e Bancário
- [ ] Técnicas de Estudo e Motivação
- [ ] Todas as Áreas
- [ ] Outros (quais?) _____

Educação & Referência
- [ ] Comportamento
- [ ] Desenvolvimento Sustentável
- [ ] Dicionários e Enciclopédias
- [ ] Divulgação Científica
- [ ] Educação Familiar
- [ ] Finanças Pessoais
- [ ] Idiomas
- [ ] Interesse Geral
- [ ] Motivação
- [ ] Qualidade de Vida
- [ ] Sociedade e Política

Jurídicos
- [ ] Direito e Processo do Trabalho/Previdenciário
- [ ] Direito Processual Civil
- [ ] Direito e Processo Penal
- [ ] Direito Administrativo
- [ ] Direito Constitucional
- [ ] Direito Civil
- [ ] Direito Empresarial
- [ ] Direito Econômico e Concorrencial
- [ ] Direito do Consumidor
- [ ] Linguagem Jurídica/Argumentação/Monografia
- [ ] Direito Ambiental
- [ ] Filosofia e Teoria do Direito/Ética
- [ ] Direito Internacional
- [ ] História e Introdução ao Direito
- [ ] Sociologia Jurídica
- [ ] Todas as Áreas

Media Technology
- [ ] Animação e Computação Gráfica
- [ ] Áudio
- [ ] Filme e Vídeo
- [ ] Fotografia
- [ ] Jogos
- [ ] Multimídia e Web

Negócios
- [ ] Administração/Gestão Empresarial
- [ ] Biografias
- [ ] Carreira e Liderança Empresariais
- [ ] E-business
- [ ] Estratégia
- [ ] Light Business
- [ ] Marketing/Vendas
- [ ] RH/Gestão de Pessoas
- [ ] Tecnologia

Universitários
- [ ] Administração
- [ ] Ciências Políticas
- [ ] Computação
- [ ] Comunicação
- [ ] Economia
- [ ] Engenharia
- [ ] Estatística
- [ ] Finanças
- [ ] Física
- [ ] História
- [ ] Psicologia
- [ ] Relações Internacionais
- [ ] Turismo

Áreas da Saúde
- [ ]

Outras áreas (quais?): _____

Tem algum comentário sobre este livro que deseja compartilhar conosco?

_____

Atenção: